Владимир Рублев

Туризм и рынок авиаперевозок Франции

Владимир Рублев

Туризм и рынок авиаперевозок Франции

Серия экономических блогов

Bloggingbooks

Cover image: www.ingimage.com

Publisher:
Bloggingbooks
is a trademark of
Dodo Books Indian Ocean Ltd., member of the OmniScriptum S.R.L Publishing group
str. A.Russo 15, of. 61, Chisinau-2068, Republic of Moldova Europe
Printed at: see last page
ISBN: 978-620-2-47633-1

Владимир Рублев

Туризм и рынок авиаперевозок Франции

Серия экономических блогов

2021

Содержание

Глава-1. Бюджетные авиакомпании на французском рынке пассажирских авиаперевозок.

Анализ влияния бюджетных авиакомпаний на французский рынок пассажирских авиаперевозок подробно исследован в другой моей книге «Бюджетные авиакомпании на рынке авиаперевозок Франции». Поэтому всем, кто интересуется исследованием этого сравнительно нового, но быстроразвивающегося сегмента в структуре рынка пассажирских авиаперевозок, я рекомендую ознакомиться с моей предыдущей книгой. В рамках же настоящего исследования мне бы хотелось только лишь дать краткую характеристику бюджетных авиаперевозчиков и указать их роль и влияние на французский рынок, а также привести пример развития маршрутной сети на базе региональных французских аэропортов.

Наиболее развитую маршрутную сеть на территории Франции имеют следующие бюджетные авиаперевозчики: «Ryanair» (Ирландия), «easyJet» (Великобритания), «Volotea» (Испания). Франко-голландская «Transavia» имеет схожую по структуре маршрутную сеть с испанской «Vueling», а «Wizz Air» (Венгрия) и «Air Europa» (Испания) имеют ограниченную маршрутную сеть на территории Франции. Венгерская бюджетная авиакомпания концентрирует маршрутную сеть на территории Центральной и Восточной Европы, а испанский авиаперевозчик «Air Europa» активно интегрируется на рынок Латинской Америки.

Динамично развивается испанская «Volotea». Кризисный 2021 год стал переломным в деятельности авиакомпании. Авиакомпания приобрела 15 воздушных судов Airbus A-319-100 и 20 воздушных судов Airbus A-320-200, снизив до минимального показатель среднего возраста парка и расширив маршрутную сеть на базе региональных аэропортов Франции, Италии и Испании. Авиакомпания рассчитывает стать одним из ключевых региональных бюджетных авиаперевозчиков для европейских самостоятельных туристов.

Важным является тот факт, что интенсивное развитие своего присутствия европейских бюджетных авиакомпаний в структуре региональных аэропортов происходит в период 2009-2012 гг. Мировой финансовый кризис оказал крайне негативное влияние на рынок авиаперевозок и рынок туризма в 2008 году, при этом негативные последствия ощущались рынком и в 2009 году. В 2008 году британская «easyJet» заключила крупнейший контракт с «Airbus SE» на приобретение лайнеров Airbus A-319-100 для развития региональной маршрутной сети. До этого момента данная модель не пользовалась спросом на рынке, ее приобретали только классические европейские авиакомпании, а бюджетные авиаперевозчики не видели перспективы и эффективности ее эксплуатации. «easyJet» приобрел лайнеры Airbus A-319-100 с существенным дисконтом, по контракту в количестве более 50 единиц. Это позволило загрузить производственные мощности европейской авиастроительной корпорации «Airbus SE» и не допустить структурного кризиса в отрасли авиастроения.

Выгодна ли была сделка по приобретению 50 лайнеров Airbus A-319-100 между «easyJet» и «Airbus SE»?

Да, это была обоюдно выгодная сделка, которая доказала эксплуатационную эффективность лайнера и помогла предотвратить кризис в авиастроительной отрасли Европейского Союза.

Кризис открывает возможности для производителей и потребителей товаров и услуг, но, при этом, кризисные явления требуют более детальной проработки условий сделки.

Вслед за «easyJet», интерес к лайнерам Airbus A-319-100 проявили «Volotea» (образованная в 2011 году) и «Vueling» (осуществляет свою деятельность с 2004 года). Однако именно британская «easyJet» первой доказала эксплуатационную эффективность лайнера в бюджетном сегменте. Важно отметить, что в одно классовой компоновке салон воздушного судна составляют 140 кресел, для направлений протяженностью до 1000 км – это идеальная вместимость, позволяющая перевозить одним воздушным судном в сутки до 700 до 1000 пассажиров и при этом иметь высокий показатель средней загруженности салона.

На внутренних направлениях, по состоянию на начало 2022 года, Airbus A-319-100 эксплуатируется национальной авиакомпанией «Air France», британской «easyJet» и испанской «Volotea» (рейсы между Парижем и регионами, рейсы между регионами Франции).

Отметим, что парк моделей Airbus A-319-100 у «Air France» достаточно возрастной от 15 до 20 лет и авиакомпания планирует выводить данную модель из парка воздушных судов, закупив у «Airbus SE» лайнеры Airbus A-220. По состоянию на январь 2022 года у «Air France» 26 лайнеров Airbus A-319-100, а контракт с «Airbus SE» заключен на приобретение 60 лайнеров

Airbus A-220, 5 лайнеров, из которых, уже поступило в сентябре-декабре 2021 года.

Рисунок-1. *Лайнер Airbus A-220-200 французской авиакомпании «Air France»*

Лайнер Airbus A-220-200 имеет равную пассажировместимость, при этом его топливная эффективность значительно выше. Мне доводилось летать на Airbus A-220-200 швейцарской авиакомпании «SWIIS», и по моим ощущениям как пассажира, лайнер превосходит российские и бразильские аналоги. Авиакомпания «Air France» планирует эксплуатацию лайнера на региональных европейских направлениях.

Таким образом, получается, что «Air France» снизит производственные издержки и будет конкурировать с бюджетными авиакомпаниями, эксплуатируя самые совершенные лайнеры. Лайнеры Airbus A-319-100 у британской «easyJet» имеют возраст 11-13 лет, что ухудшает показатель их экономической эффективности, а «Volotea» эксплуатирует новые лайнеры 2020-2021 гг. выпуска.

Для «Air France» обновление парка является важной, стратегической задачей. Иначе, авиакомпания уступит бюджетным авиаперевозчиком свое положение на внутреннем рынке авиаперевозок. Имея приоритетное положение в организации внутренней маршрутной сети, национальным классическим авиакомпаниям год от года становится все сложнее удерживать позиции на региональном рынке, поскольку доля бюджетных авиакомпаний в рыночной структуре постоянно увеличивается. Таковы условия свободного рынка. Именно благодаря неограниченному доступу зарубежных авиакомпаний на французский рынок, увеличивается пассажиропоток региональных аэропортов Франции, растет туристический поток. Жертвуя монополизмом национального авиаперевозчика и открывая рынок для зарубежных бюджетных авиакомпаний, Франция имеет, куда большую выгоду, чем, если бы придерживалась классической протекционистской модели, свойственной развивающимся рынкам.

Вернемся к анализу маршрутной сети бюджетных авиакомпаний. Отметим только маршрутную сеть региональных хабов (базовых аэропортов) бюджетных авиакомпаний на территории Франции. Подчеркнем, что бюджетным авиакомпаниям свойственно иметь не один национальный хаб, а сеть региональных хабов, из которых регулярно выполняются рейсы по 15-50 направлениям. Выберем только те авиакомпании, которые имеют большее влияние на рыночную структуру. Это «Volotea», «easyJet» и «Ryanair».

Испанская «Volotea» имеет хабы в Бордо, Марсели, Нанте, Страсбурге и Тулузе.

Рисунок-2. *Маршрутная сеть испанской бюджетной авиакомпании «Volotea» на базе аэропорта - хаба, г. Бордо, 2022 г.*

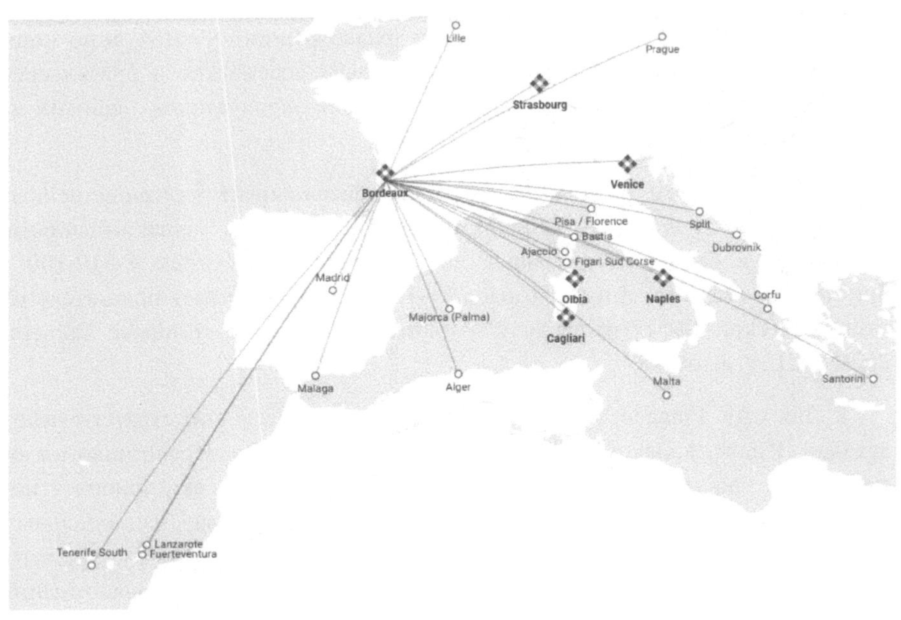

Рисунок-3. *Маршрутная сеть испанской бюджетной авиакомпании «Volotea» на базе аэропорта - хаба, г. Марсель, 2022 г.*

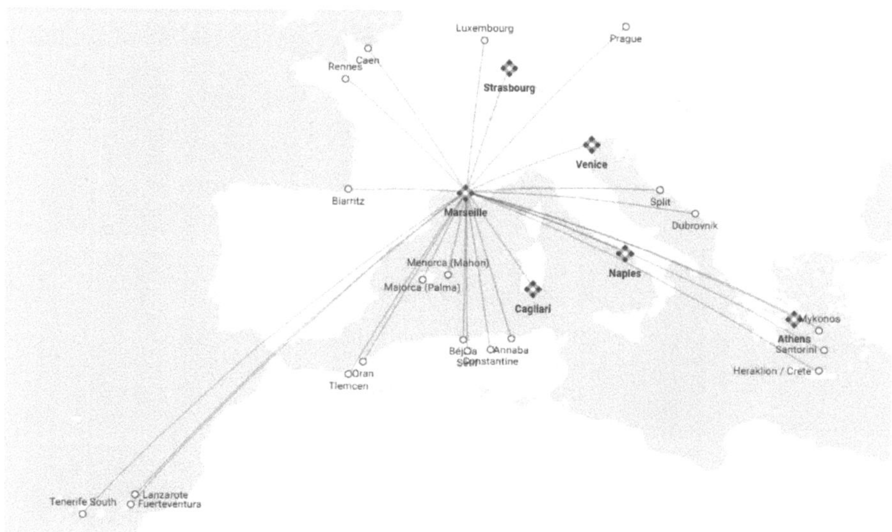

Рисунок-4. *Маршрутная сеть испанской бюджетной авиакомпании «Volotea» на базе аэропорта - хаба, г. Нант, 2022 г.*

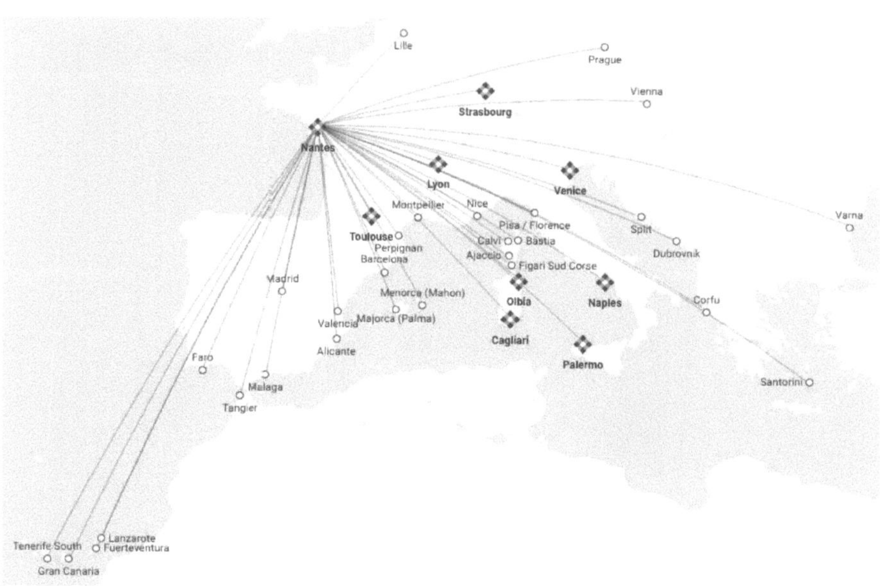

Рисунок-5. *Маршрутная сеть испанской бюджетной авиакомпании «Volotea» на базе аэропорта - хаба, г. Страсбург, 2022 г.*

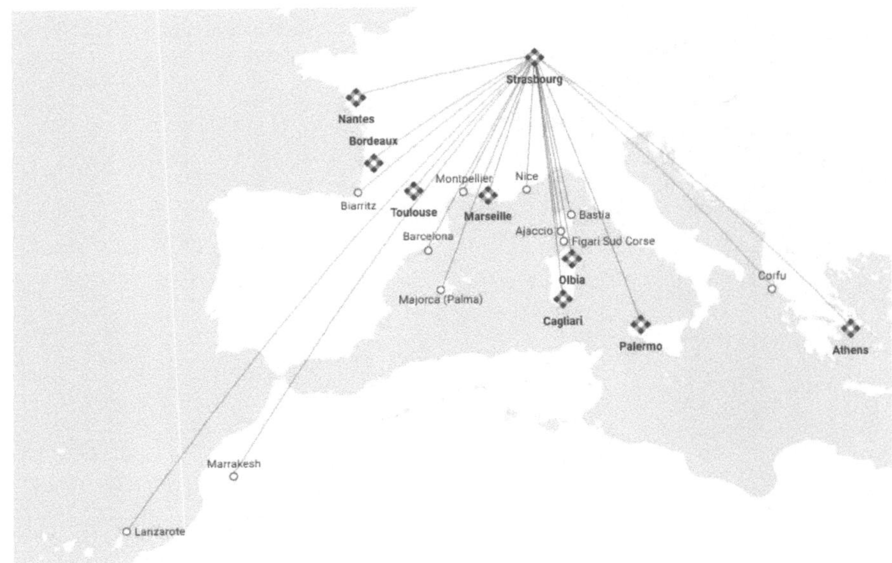

Рисунок-6. *Маршрутная сеть испанской бюджетной авиакомпании «Volotea» на базе аэропорта - хаба, г. Тулуза, 2022 г.*

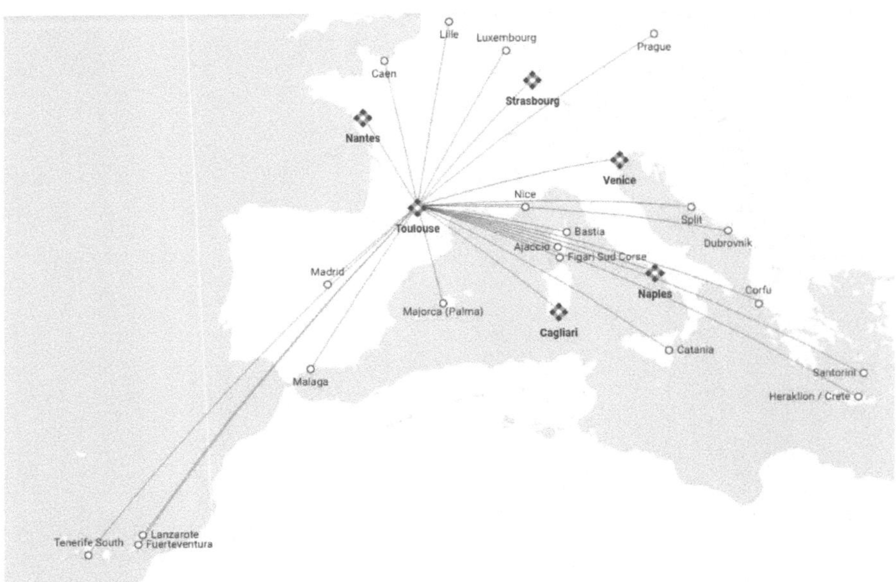

Если обратить внимание, то значительная часть рейсов имеет продолжительность от 1ч. до 1,5 часа, что позволяет достигать высокого показателя эксплуатационной эффективности лайнеров. Эксплуатация лайнеров 2020-2021 гг. выпуска снижает затраты на обслуживание и ремонт, исключает длительные простои воздушных судов. Достаточно эффективная бизнес модель у испанского авиаперевозчика, и год от года авиакомпания усиливает свое присутствие на французском рынке. Примечательно еще и то, что Франция связана, благодаря «Volotea», развитым авиасообщением с двумя другими туристическими державами Европы – Италией и Испанией. Туристы, осуществляющие самостоятельные путешествия, могут воспользоваться интересным предложением авиаперевозчика и посетить еще одну страну или один город со стоимостью авиа перелета от 9 евро (базовая цена маршрутов малой протяженности у «Volotea»).

Теперь рассмотрим структуру французских региональных хабов у британского бюджетного авиаперевозчика «easyJet». Авиакомпания начала активно развивать маршрутную сеть в этой стране и выстраивать региональные хабы в 2008-2009 гг., вероятно, что это было одним из условий сделки по приобретению более 50 лайнеров Airbus A-319-100. Но, это могут быть только наши догадки, все условия сделки между двумя экономическими субъектами имеют коммерческую тайну и не должны быть предметом обсуждения в печатных изданиях.

Принцип организации маршрутной сети у «easyJet» схож с других европейскими бюджетными авиаперевозчиками. Только в структуре маршрутной сети британского авиаперевозчика больше регулярных – ежедневных рейсов. Так, если «Volotea» выполняет часть рейсов с периодичностью от одного до трех раз в неделю и сезонно увеличивает это количество до 5-7, то британский конкурент делает акцент на регулярных рейсах, а по направлениям с высокой загруженностью рейсы могут выполняться с периодичностью от 3 до 5 в сутки. Такими направлениями являются Лондон (аэропорты Гатвик и Лутон) – Ницца, Ницца - Париж, Париж - Лондон и т.д. Стоимость билетов на утренние и вечерние рейсы ниже, наиболее высокая стоимость на дневные рейсы и полеты в выходные дни, что обусловлено возрастающим спросом.

Во Франции «easyJet» выполняет рейсы из столичных аэропортов Шарль де Голь и Орли, а в регионах имеет хабы в городах – Базель-Мюлуз (аэропорт эксплуатируется совместно со Швейцарией), Бордо, Нант, Лион и курортная Ницца. Приведем данные маршрутной сети по состоянию на январь 2022 года.

Рисунок-7. *Маршрутная сеть британской бюджетной авиакомпании «easyJet», аэропорт Базель-Мюлуз, 2022г.*

Базель (BSL)	Агадир (AGA)	**Базель и Агадир**
	Аяччо, Корсика (AJA)	**Базель и Аяччо, Корсика**
	Аликанте (ALC)	**Базель и Аликанте**
	Амстердам (AMS)	**Базель и Амстердам**
	Афины (ATH)	**Базель и Афины**
	Барселона (BCN)	**Базель и Барселона**
	Бари (BRI)	**Базель и Бари**
	Бастия, Корсика (BIA)	**Базель и Бастия, Корсика**
	Белград (BEG)	**Базель и Белград**
	Берлин-Бранденбург (BER)	**Базель и Берлин-Бранденбург**
	Биарриц (BIQ)	**Базель и Биарриц**
	Бордо (BOD)	**Базель и Бордо**
	Бриндизи (BDS)	**Базель и Бриндизи**
	Бристоль (BRS)	**Базель и Бристоль**
	Будапешт (BUD)	**Базель и Будапешт**
	Кальви, Корсика (CLY)	**Базель и Кальви, Корсика**
	Шарм-эль-Шейх (SSH)	**Базель и Шарм-эль-Шейх**
	Копенгаген (CPH)	**Базель и Копенгаген**
	Краков (KRK)	**Базель и Краков**
	Дубровник (DBV)	**Базель и Дубровник**
	Эдинбург (EDI)	**Базель и Эдинбург**
	Фаро (ФАО)	**Базель и Фаро**
	Фигари, Корсика (FSC)	**Базель и Фигари, Корсика**
	Фуэртевентура (FUE)	**Базель и Фуэртевентура**
	Гран-Канария (LPA)	**Базель и Гран-Канария**
	Гамбург (HAM)	**Базель и Гамбург**
	Хургада (HRG)	**Базель и Хургада**
	Ибица (IBZ)	**Базель и Ибица**
	Ламеция (SUF)	**Базель и Ламеция**
	Лансароте (ACE)	**Базель и Лансароте**
	Лиссабон (LIS)	**Базель и Лиссабон**
	Лондонский Гатвик (LGW)	**Базель и лондонский Гатвик**
	Мадрид (MAD)	**Базель и Мадрид**
	Майорка Пальма (PMI)	**Базель и Майорка Пальма**
	Малага (AGP)	**Базель и Малага**
	Манчестер (MAN)	**Базель и Манчестер**
	Марракеш (RAK)	**Базель и Марракеш**
	Менорка-Махон (MAH)	**Базель и Менорка-Махон**
	Монпелье (MPL)	**Базель и Монпелье**
	Миконос (JMK)	**Базель и Миконос**
	Нант (NTE)	**Базель и Нант**
	Неаполь (NAP)	**Базель и Неаполь**
	Ницца (NCE)	**Базель и Ницца**
	Порту (OPO)	**Базель и Порту**
	Прага (PRG)	**Базель и Прага**
	Приштина (PRN)	**Базель и Приштина**
	Пула (PUY)	**Базель и Пула**
	Рим Фьюмичино (FCO)	**Базель и Рим Фьюмичино**
	Сантьяго-де-Компостела (SCQ)	**Базель и Сантьяго-де-Компостела**
	Сардиния Альгеро (AHO)	**Базель и Сардиния Альгеро**
	Сардиния Кальяри (CAG)	**Базель и Сардиния Кальяри**
	Сардиния Ольбия (OLB)	**Базель и Сардиния Ольбия**
	Сицилия Катания (CTA)	**Базель и Сицилия Катания**
	Сицилия Палермо (PMO)	**Базель и Сицилия Палермо**
	Сплит (SPU)	**Базель и Сплит**
	Тель-Авив (TLV)	**Базель и Тель-Авив**
	Тенерифе Южный (TFS)	**Базель и Тенерифе Юг**
	Салоники (SKG)	**Базель и Салоники**
	Тулуза (TLS)	**Базель и Тулуза**
	Валенсия (VLC)	**Базель и Валенсия**
	Вена (VIE)	**Базель и Вена**
	Задар (ZAD)	**Базель и Задар**

Рисунок-8. *Маршрутная сеть британской бюджетной авиакомпании «easyJet», аэропорт г. Бордо, 2022 г.*

Бордо (BOD)	Аяччо, Корсика (AJA)	**Бордо и Аяччо, Корсика**
	Базель (BSL)	**Бордо и Базель**
	Бастия, Корсика (BIA)	**Бордо и Бастия, Корсика**
	Белфаст международный (BFS)	**Бордо и Белфаст, международный**
	Берлин-Бранденбург (BER)	**Бордо и Берлин Бранденбург**
	Бристоль (BRS)	**Бордо и Бристоль**
	Крит Ираклион (HER)	**Бордо и Крит Ираклион**
	Эс-Сувейра (ESU)	**Бордо и Эс-Сувейра**
	Фаро (ФАО)	**Бордо и Фаро**
	Фигари, Корсика (FSC)	**Бордо и Фигари, Корсика**
	Женева (GVA)	**Бордо и Женева**
	Глазго (GLA)	**Бордо и Глазго**
	Гренобль (GNB)	**Бордо и Гренобль**
	Ибица (IBZ)	**Бордо и Ибица**
	Лансароте (ACE)	**Бордо и Лансароте**
	Лилль (LIL)	**Бордо и Лилль**
	Лиссабон (LIS)	**Бордо и Лиссабон**
	Лондонский Гатвик (LGW)	**Бордо и лондонский Гатвик**
	Лондон Лутон (LTN)	**Бордо и Лондон Лутон**
	Люксембург (LUX)	**Бордо и Люксембург**
	Лион (LYS)	**Бордо и Лион**
	Майорка Пальма (PMI)	**Бордо и Майорка Пальма**
	Манчестер (MAN)	**Бордо и Манчестер**
	Марракеш (RAK)	**Бордо и Марракеш**
	Марсель Прованс (MRS)	**Бордо и Марсель Прованс**
	Милан Мальпенса (MXP)	**Бордо и Милан Мальпенса**
	Менорка-Махон (MAH)	**Бордо и Менорка Махон**
	Ницца (NCE)	**Бордо и Ницца**
	Порту (OPO)	**Бордо и Порту**
	Родос (RHO)	**Бордо и Родос**
	Сардиния Ольбия (OLB)	**Бордо и Сардиния Ольбия**
	Сицилия Катания (CTA)	**Бордо и Сицилия Катания**
	Тенерифе Южный (TFS)	**Бордо и юг Тенерифе**

Рисунок-9. *Маршрутная сеть британской бюджетной авиакомпании «easyJet», аэропорт г. Нант, 2022 г.*

Нант (NTE)	Аяччо, Корсика (AJA)	**Нант и Аяччо, Корсика**
	Базель (BSL)	**Нант и Базель**
	Бари (BRI)	**Нант и Бари**
	Бастия, Корсика (BIA)	**Нант и Бастия, Корсика**
	Бристоль (BRS)	**Нант и Бристоль**
	Крит Ираклион (HER)	**Нант и Крит Ираклион**
	Дубровник (DBV)	**Нант и Дубровник**
	Фаро (ФАО)	**Нант и Фаро**
	Фигари, Корсика (FSC)	**Нант и Фигари, Корсика**
	Женева (GVA)	**Нант и Женева**
	Ибица (IBZ)	**Нант и Ибица**
	Лилль (LIL)	**Нант и Лилль**
	Лиссабон (LIS)	**Нант и Лиссабон**
	Лондонский Гатвик (LGW)	**Нант и лондонский Гатвик**
	Лион (LYS)	**Нант и Лион**
	Марракеш (RAK)	**Нант и Марракеш**
	Милан Мальпенса (MXP)	**Нант и Милан Мальпенса**
	Ницца (NCE)	**Нант и Ницца**
	Порту (OPO)	**Нант и Порту**
	Рим Фьюмичино (FCO)	**Нант и Рим Фьюмичино**
	Сардиния Ольбия (OLB)	**Нант и Сардиния Ольбия**
	Сицилия Катания (CTA)	**Нант и Сицилия Катания**
	Тенерифе Южный (TFS)	**Нант и юг Тенерифе**
	Тулуза (TLS)	**Нант и Тулуза**

Рисунок-10. *Маршрутная сеть британской бюджетной авиакомпании «easyJet», аэропорт г. Лион, 2022 г.*

Лион (LYS)	Агадир (AGA)	**Лион и Агадир**
	Аяччо, Корсика (AJA)	**Лион и Аяччо, Корсика**
	Барселона (BCN)	**Лион и Барселона**
	Бастия, Корсика (BIA)	**Лион и Бастия, Корсика**
	Белфаст международный (BFS)	**Лион и Белфаст, международный**
	Берлин-Бранденбург (BER)	**Лион и Берлин Бранденбург**
	Биарриц (BIQ)	**Лион и Биарриц**
	Бордо (BOD)	**Лион и Бордо**
	Брест Бретань (BES)	**Лион и Брест Бретань**
	Бристоль (BRS)	**Лион и Бристоль**
	Кальви, Корсика (CLY)	**Лион и Кальви, Корсика**
	Копенгаген (CPH)	**Лион и Копенгаген**
	Корфу (KOE)	**Лион и Корфу**
	Крит Ханья (CHQ)	**Лион и Крит Ханья**
	Дубровник (DBV)	**Лион и Дубровник**
	Эдинбург (EDI)	**Лион и Эдинбург**
	Фаро (ФАО)	**Лион и Фаро**
	Фигари, Корсика (FSC)	**Лион и Фигари, Корсика**
	Фуэртевентура (FUE)	**Лион и Фуэртевентура**
	Ибица (IBZ)	**Лион и Ибица**
	Лансароте (ACE)	**Лион и Лансароте**
	Лиссабон (LIS)	**Лион и Лиссабон**
	Лондонский Гатвик (LGW)	**Лион и лондонский Гатвик**
	Лондон Лутон (LTN)	**Лион и Лондон Лутон**
	Майорка Пальма (PMI)	**Лион и Майорка Пальма**
	Манчестер (MAN)	**Лион и Манчестер**
	Марракеш (RAK)	**Лион и Марракеш**
	Менорка-Махон (MAH)	**Лион и Менорка Махон**
	Миконос (JMK)	**Лион и Миконос**
	Нант (NTE)	**Лион и Нант**
	Неаполь (NAP)	**Лион и Неаполь**
	Порту (OPO)	**Лион и Порту**
	Ренн (RNS)	**Лион и Ренн**
	Рим Фьюмичино (FCO)	**Лион и Рим Фьюмичино**
	Сардиния Ольбия (OLB)	**Лион и Сардиния Ольбия**
	Сицилия Катания (CTA)	**Лион и Сицилия Катания**
	Сицилия Палермо (PMO)	**Лион и Сицилия Палермо**
	Сплит (SPU)	**Лион и Сплит**
	Тель-Авив (TLV)	**Лион и Тель-Авив**
	Тенерифе Южный (TFS)	**Лион и Тенерифе Южный**
	Тулуза (TLS)	**Лион и Тулуза**
	Венеция Марко Поло (VCE)	**Лион и Венеция Марко Поло**

Мы видим, что хабы «easyJet» имеют достаточно развитую маршрутную сеть. В регионах Франции, за исключением столичных аэропортов Шарль де Голь и Орли, британский бюджетный авиаперевозчик имеет существенное влияние на структуру пассажиропотока.

О чем это говорит?

Авиаперевозчик видит французский рынок перспективным с точки зрения развития своего присутствия, и за период своего активного развития сумел выстроить на территории Франции сеть региональных хабов.

Рисунок-11. *Маршрутная сеть британской бюджетной авиакомпании «easyJet», аэропорт г. Ницца, 2022 г.*

Ницца (NCE)	Амстердам (AMS)	**Ницца и Амстердам**
	Базель (BSL)	**Ницца и Базель**
	Барселона (BCN)	**Ницца и Барселона**
	Белфаст международный (BFS)	**Ницца и Белфаст, международный**
	Берлин-Бранденбург (BER)	**Ницца и Берлин-Бранденбург**
	Биарриц (BIQ)	**Ницца и Биарриц**
	Бордо (BOD)	**Ницца и Бордо**
	Бристоль (BRS)	**Ницца и Бристоль**
	Брюссель (BRU)	**Ницца и Брюссель**
	Крит Ханья (CHQ)	**Ницца и Крит Ханья**
	Эдинбург (EDI)	**Ницца и Эдинбург**
	Женева (GVA)	**Ницца и Женева**
	Ибица (IBZ)	**Ницца и Ибица**
	Ла-Рошель (ЛРХ)	**Ницца и Ла-Рошель**
	Лилль (LIL)	**Ницца и Лилль**
	Лиссабон (LIS)	**Ницца и Лиссабон**
	Ливерпуль (LPL)	**Ницца и Ливерпуль**
	Лондонский Гатвик (LGW)	**Ницца и лондонский Гатвик**
	Лондон Лутон (LTN)	**Ницца и Лондон Лутон**
	Майорка Пальма (PMI)	**Ницца и Майорка Пальма**
	Манчестер (MAN)	**Ницца и Манчестер**
	Марракеш (RAK)	**Ницца и Марракеш**
	Менорка-Махон (MAH)	**Ницца и Менорка-Махон**
	Миконос (JMK)	**Ницца и Миконос**
	Нант (NTE)	**Ницца и Нант**
	Неаполь (NAP)	**Ницца и Неаполь**
	Париж Шарль де Голль (CDG)	**Ницца и Париж Шарль де Голль**
	Пэрис Орли (ORY)	**Ницца и Париж Орли**
	Порту (OPO)	**Ницца и Порту**
	Ренн (RNS)	**Ницца и Ренн**
	Рим Фьюмичино (FCO)	**Ницца и Рим Фьюмичино**
	Сардиния Ольбия (OLB)	**Ницца и Сардиния Ольбия**
	Сицилия Катания (CTA)	**Ницца и Сицилия Катания**
	Тель-Авив (TLV)	**Ницца и Тель-Авив**
	Тенерифе Южный (TFS)	**Ницца и юг Тенерифе**
	Тулуза (TLS)	**Ницца и Тулуза**
	Венеция Марко Поло (VCE)	**Ницца и Венеция Марко Поло**

Рисунок-12. *Маршрутная сеть британской бюджетной авиакомпании «easyJet», аэропорт г. Париж – Орли, 2022 г.*

Пэрис Орли (ORY)	Афины (ATH)	**Париж Орли и Афины**
	Берлин-Бранденбург (BER)	**Париж Орли и Берлин Бранденбург**
	Бриндизи (BDS)	**Париж Орли и Бриндизи**
	Бристоль (BRS)	**Париж Орли и Бристоль**
	Дубровник (DBV)	**Париж Орли и Дубровник**
	Фаро (ФАО)	**Париж Орли и Фаро**
	Женева (GVA)	**Париж Орли и Женева**
	Милан Линате (LIN)	**Париж Орли и Милан Линате**
	Монпелье (MPL)	**Париж Орли и Монпелье**
	Миконос (JMK)	**Париж Орли и Миконос**
	Неаполь (NAP)	**Париж Орли и Неаполь**
	Ницца (NCE)	**Париж Орли и Ницца**
	Пиза (Тоскана) (PSA)	**Париж Орли и Пиза (Тоскана)**
	Родос (RHO)	**Париж Орли и Родос**
	Рим Фьюмичино (FCO)	**Париж Орли и Рим Фьюмичино**
	Сардиния Кальяри (CAG)	**Париж Орли и Сардиния Кальяри**
	Сардиния Ольбия (OLB)	**Париж Орли и Сардиния Ольбия**
	Сицилия Палермо (PMO)	**Париж Орли и Сицилия Палермо**
	Сплит (SPU)	**Париж Орли и Сплит**
	Тулон-Йер (TLN)	**Париж Орли и Тулон-Йер**
	Тулуза (TLS)	**Париж Орли и Тулуза**
	Венеция Марко Поло (VCE)	**Париж Орли и Венеция Марко Поло**

Рисунок-13. *Маршрутная сеть британской бюджетной авиакомпании «easyJet», аэропорт г. Париж – Шарль де Голь, 2022 г.*

Париж Шарль де Голль (CDG)	Аяччо, Корсика (AJA)	**Париж Шарль де Голль и Аяччо, Корсика**
	Барселона (BCN)	**Париж Шарль де Голль и Барселона**
	Бастия, Корсика (BIA)	**Париж Шарль де Голль и Бастия, Корсика**
	Белфаст международный (BFS)	**Париж Шарль де Голль и Белфаст международный**
	Берлин-Бранденбург (BER)	**Париж Шарль де Голль и Берлин Бранденбург**
	Биарриц (BIQ)	**Париж Шарль де Голль и Биарриц**
	Бристоль (BRS)	**Париж Шарль де Голль и Бристоль**
	Будапешт (BUD)	**Париж Шарль де Голль и Будапешт**
	Кальви, Корсика (CLY)	**Париж Шарль де Голль и Кальви, Корсика**
	Копенгаген (CPH)	**Париж Шарль де Голль и Копенгаген**
	Корфу (KOE)	**Париж Шарль де Голль и Корфу**
	Краков (KRK)	**Париж Шарль де Голль и Краков**
	Крит Ираклион (HER)	**Париж Шарль де Голль и Крит Ираклион**
	Эдинбург (EDI)	**Париж Шарль де Голль и Эдинбург**
	Фаро (ФАО)	**Париж Шарль де Голль и Фаро**
	Фигари, Корсика (FSC)	**Париж Шарль де Голль и Фигари, Корсика**
	Фуэртевентура (FUE)	**Париж Шарль де Голль и Фуэртевентура**
	Глазго (GLA)	**Париж Шарль де Голль и Глазго**
	Лансароте (ACE)	**Париж Шарль де Голль и Лансароте**
	Лиссабон (LIS)	**Париж Шарль де Голль и Лиссабон**
	Лондонский Гатвик (LGW)	**Париж Шарль де Голль и Лондон Гатвик**
	Лондон Лутон (LTN)	**Париж Шарль де Голль и Лондон Лутон**
	Мадрид (MAD)	**Париж Шарль де Голль и Мадрид**
	Майорка Пальма (PMI)	**Париж Шарль де Голль и Майорка Пальма**
	Малага (AGP)	**Париж Шарль де Голль и Малага**
	Манчестер (MAN)	**Париж Шарль де Голль и Манчестер**
	Марракеш (RAK)	**Париж Шарль де Голль и Марракеш**
	Милан Линате (LIN)	**Париж Шарль де Голль и Милан Линате**
	Милан Мальпенса (MXP)	**Париж Шарль де Голль и Милан Мальпенса**
	Милано Бергамо (BGY)	**Париж Шарль де Голль и Милан Бергамо**
	Менорка-Махон (MAH)	**Париж Шарль де Голль и Менорка Маон**
	Миконос (JMK)	**Париж Шарль де Голль и Миконос**
	Ницца (NCE)	**Париж Шарль де Голль и Ницца**
	Порту (OPO)	**Париж Шарль де Голль и Порту**
	Пула (PUY)	**Париж Шарль де Голль и Пула**
	Сардиния Ольбия (OLB)	**Париж Шарль де Голль и Сардиния Ольбия**
	Сицилия Катания (CTA)	**Париж Шарль де Голль и Сицилия Катания**
	Сплит (SPU)	**Париж Шарль де Голль и Сплит**
	Тель-Авив (TLV)	**Париж Шарль де Голль и Тель-Авив**
	Тенерифе Южный (TFS)	**Париж Шарль де Голль и Южный Тенерифе**
	Тулон-Йер (TLN)	**Париж Шарль де Голль и Тулон-Йер**
	Тулуза (TLS)	**Париж Шарль де Голль и Тулуза**
	Венеция Марко Поло (VCE)	**Париж Шарль де Голль и Венеция Марко Поло**

Именно «easyJet» стала первой бюджетной авиакомпанией с высокой степенью интеграции в региональную авиатранспортную инфраструктуру Франции и продолжает оставаться такой по сегодняшний день.

Но, вернемся к парку воздушных судов британского авиаперевозчика. Модели «Airbus A-319-100» требуют обновления. Маловероятен сценарий приобретения лайнеров «Airbus A-220-200» для бюджетных авиаперевозок. Возможным вариантом является приобретение моделей «Airbus A-319 neo», но насколько такое развитие событий будет обосновано, затруднительно ответить. Модель новая, но хоть ей и пророчат успех на рынке, среди бюджетных авиаперевозчиков ажиотажа на ее приобретение не наблюдается.

Вероятно, что «easyJet» продолжит эксплуатацию парка «Airbus A-319-100», а в случае повышения эксплуатационных затрат, авиакомпания увеличит стоимость авиабилетов. В условиях турбулентности рынка такой ход событий возможен. Но, однозначно, авиакомпания не будет рисковать, так как два последних года (2020-2021гг.) испытывала кризис, обусловленный недостаточностью мер поддержки со стороны британского правительства.

Рисунок-14. *Лайнер Airbus A-319 neo во время летно-технических испытаний на заводе «Airbus SE»*

Заключительным шагом в исследовании влияния бюджетных авиакомпаний на структуру французского рынка станет анализ маршрутной сети ирландской бюджетной авиакомпании «Ryanair». Данная компания - бессменный лидер европейского рынка пассажирских авиаперевозок с пассажиропотоком по итогам 2019 года (докризисный уровень) – 152 млн. пассажиров.

Вы только представьте себе, что одна европейская авиакомпания в год перевозила пассажиров больше, чем население Российской Федерации!

Во Франции ирландская «Ryanair» имеет региональные хабы в городах – Бордо, Тулуза, Марсель, Париж-Бове. Последний – относительно молодой аэропорт, только начинающий расширять сотрудничество с авиакомпаниями, и который видит приоритет в сотрудничестве с европейскими бюджетными авиакомпаниями, а преимущество в развитии маршрутной сети отдает рейсам малой и средней протяженности (от 500 до 2500 км.).

Рисунок-15. *Маршрутная сеть ирландской бюджетной авиакомпании «Ryanair» из аэропорта г. Бордо по состоянию на январь 2022 года*

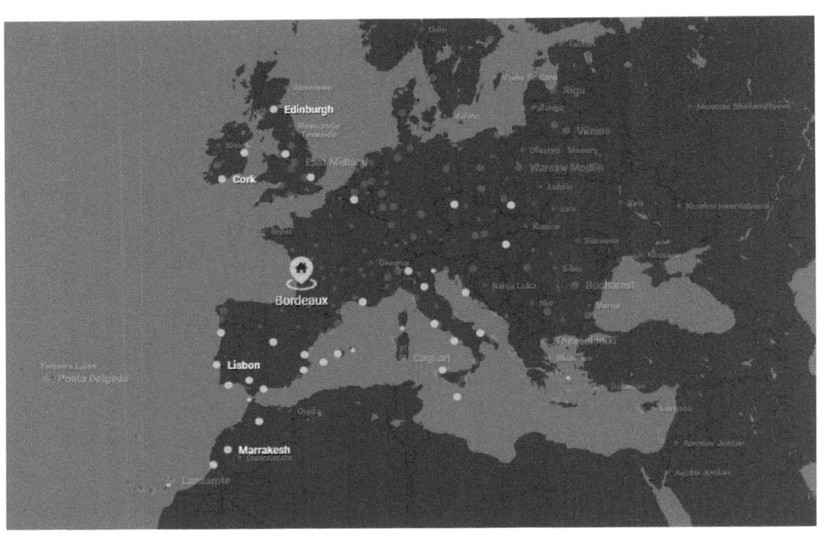

Рисунок-16. *Маршрутная сеть ирландской бюджетной авиакомпании «Ryanair» из аэропорта г. Тулуза по состоянию на январь 2022 года*

Рисунок-17. *Маршрутная сеть ирландской бюджетной авиакомпании «Ryanair» из аэропорта г. Марсель по состоянию на январь 2022 года*

Рисунок-18. *Маршрутная сеть ирландской бюджетной авиакомпании «Ryanair» из аэропорта г. Париж-Бове по состоянию на январь 2022 года*

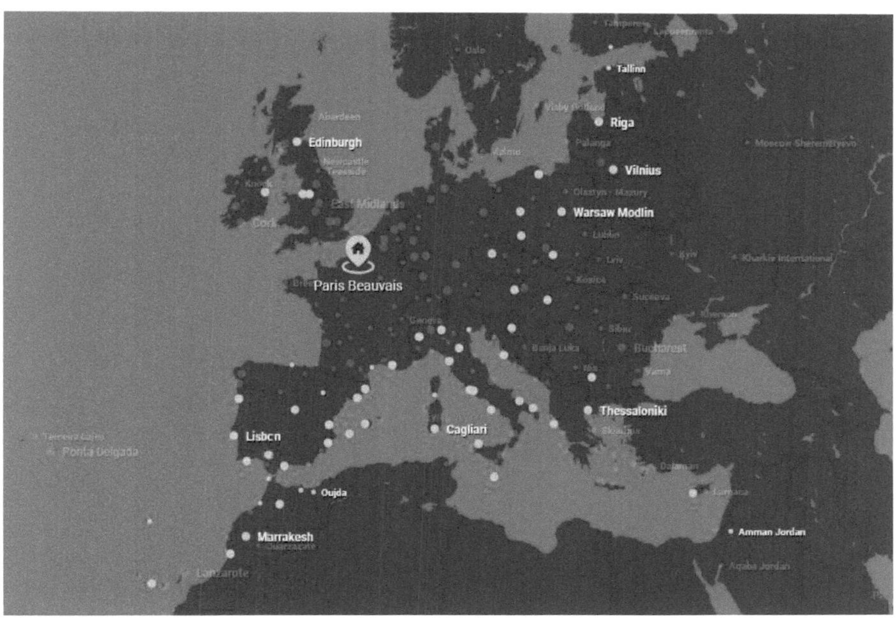

На примере трех рассмотренных нами бюджетных авиаперевозчиков, оказывающих наибольшее влияние на французский рынок, мы видим, что хабы образуются на базе крупных региональных аэропортов, которые выполняют важную роль как региональных объектов авиатранспортной инфраструктуры и обслуживают, помимо жителей региона, значительные туристические потоки. Основные центры туризма: Париж, Бордо, Марсель и Ницца. Нант – это, преимущественно, региональный аэропорт, который обслуживает жителей Земель Луары, а также самого города – промышленного и инновационного.

Региональная корсиканская классическая авиакомпания «Air Corsica» имеет хабы на территории всех четырех аэропортов, но на Корсике активно развивают свою маршрутную сеть «Volotea» и «easyJet». Флот авиакомпании состоит из 11 лайнеров: «Airbus A-320 neo» (2 ед.), «Airbus A-320-200» (4 ед.), ATR-42 (1 ед.) и ATR-72 (4 ед.). Только 2 лайнера («neo») имеют возраст около 2-х лет, а средний возраст парка составляет более 13 лет, что является высоким показателем. Остров Корсика интересен иностранным туристам, он имеет особую историю и на протяжении долгих лет является предметом противоречий между Францией и Италией. Но, увы, развитость авиасообщения на Корсике значительно ниже, чем на соседнем, но уже итальянским острове Сардиния. Сардиния – это центр европейского островного туризма, а аэропорт Кальви – Эльмас имеет высокий показатель пассажиропотока и более 90% направлений обслуживается бюджетными авиаперевозчиками.

Рисунок-19. *Лайнер Airbus A-320 neo французской региональной авиакомпании «Air Corsica»*

Вернемся к Франции. В своих исследованиях я стараюсь привести примеры конкурирующих или соседствующих субъектов для полноты исследования и для того, чтобы максимально заинтересовать читателя. Одновременно с этим, передо мной стоит задача не перегружать главы книг обилием таблиц, схем и рисунков. Но, при этом наглядное изображение объектов и предметов анализа позволяет достигать максимального результата в исследовательской деятельности.

Бюджетные авиакомпании, как было отмечено в моих предыдущих исследованиях, стали ключевым звеном в развитии рынка пассажирских авиаперевозок Европы в период с 2009г. по 2019г. Рост и развитие рынка в указанный период происходил за счет развития маршрутной сети бюджетных авиакомпаний на региональном уровне и их усиления в структуре системы туризма. Практически все бюджетные авиакомпании сотрудничают с корпоративными клиентами, в том числе с европейскими туроператорами, но основной пассажиропоток обеспечивается за счет частных клиентов. Наиболее распространенной категорией являются самостоятельные путешественники.

Стоимость авиабилетов по направлениям от 300 до 1000 км у бюджетных авиаперевозчиков начинается с 9 евро. В эту стоимость входит услуга по перевозке пассажира с ручной кладью, не превышающей 10 кг, это, как вы правильно понимаете, существенно ниже стоимости путешествия на частном автомобильном транспорте и это является ключевым фактором при планировании путешествия.

Бюджетные авиакомпании проводят распродажи, открывая новые направления, а также нередкими являются сезонные распродажи авиабилетов. Например, более 50 направлений с вылетами из испанских городов представлены на официальном сайте «Volotea» в январе 2022 года. Это в разы ниже стоимости билетов на железнодорожный транспорт внутри страны. Для туристов, пребывающих во Францию, существует возможность посещения одного или нескольких городов, воспользовавшись сезонным предложением «Volotea».

Так, из Ниццы в январе 2022 года «Volotea» предлагает по внутренним направлениям авиабилеты со стоимостью от 9 до 31 евро, что также является весьма привлекательным предложением. Вероятно, что Ницца станет еще одним хабом для испанского авиаперевозчика. Преодолевая кризис 2020-2021 гг. аэропорт заинтересован в развитии маршрутной сети.

Рисунок-20. *Распродажа авиабилетов испанской бюджетной авиакомпании «Volotea» в январе 2022 года (испанские аэропорты вылета)*

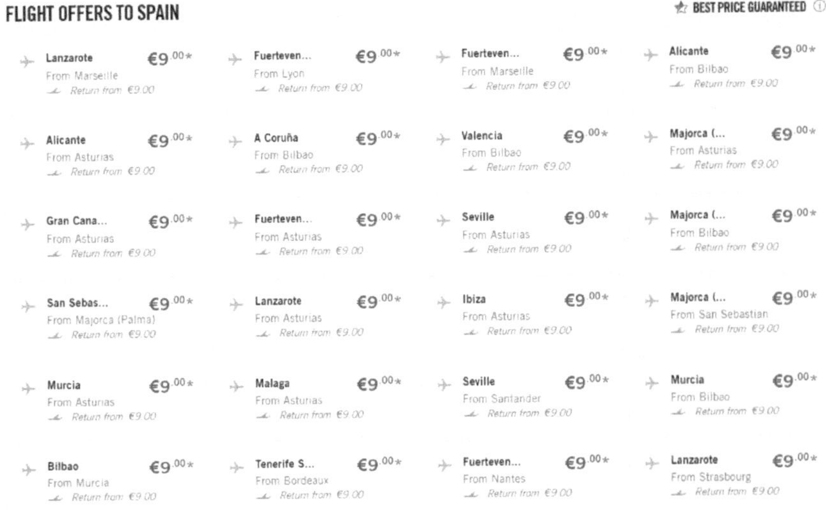

Рисунок-21. *Стоимость авиабилетов испанской бюджетной авиакомпании «Volotea» в январе 2022 года (Аэропорт вылета – Ницца. Внутренние направления)*

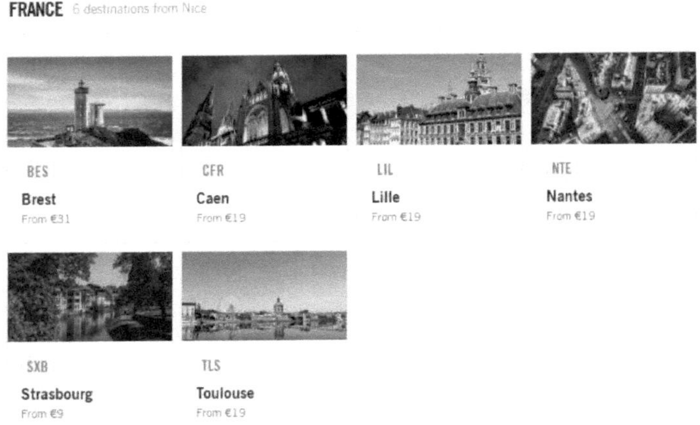

Подводя итог можно заключить, что бюджетные авиаперевозчики видят французский рынок перспективным и при развитии маршрутной сети уделяют особое внимание развитию новых направлений во Франции. Интерес бюджетных авиакомпаний охватывает, как направление внутреннего авиасообщения (внутри Франции), так и международного (в рамках Европейского Союза, Ближнего Востока и Северной Африки).

Возможен ли уход бюджетных авиакомпаний с французского рынка?

Нет, этот сценарий не стоит даже рассматривать. Слишком велико влияние бюджетных авиакомпаний на рыночную структуру. Около 50% пассажиропотока французского рынка обслуживается бюджетными авиакомпаниями, от 50% до 80% рейсов в структуре маршрутной сети региональных аэропортов выполняется бюджетными авиаперевозчиками.

Какова перспектива бюджетных авиаперевозчиков на французском рынке?

Конкуренция на французском рынке будет происходить исключительно в сегменте бюджетных авиаперевозок. А конкурентными преимуществами бюджетных авиакомпаний являются:

1. Парк воздушных судов (количество лайнеров и их средний возраст);
2. Развитость маршрутной сети на базе региональных аэропортов;
3. Наличие региональных хабов;

Все это в совокупности с эффективной стратегией развития, включающей в себя весь приобретенный ранее опыт авиакомпании по преодолению кризисных явлений на рынке, может дать положительный результат и способствовать усилению позиций авиаперевозчика в структуре французского рынка пассажирских авиаперевозок.

Безусловно, в сегменте региональных авиаперевозок будущее за бюджетными авиаперевозками и сложившейся кризис докажет эффективность модели бюджетных авиакомпаний и усилит их позиции на рынке в среднесрочной перспективе.

Глава-2. Французские авиакомпании и их влияние на рынок.

В рамках данной главы мы рассмотрим ключевые французские авиакомпании, которые оказывают существенное влияние на рыночную структуру. Как упомянуто в главе «Бюджетные авиакомпании на французском рынке пассажирских авиаперевозок» Франция, совместно с Нидерландами имеет бюджетную авиакомпанию «Transavia», которая входит в структуру глобального авиационного холдинга «Air France – KLM». Почему не стоит рассматривать «Transavia» как важного игрока на французском рынке авиаперевозок?

Во-первых: компания входит в структуру франко-голландского холдинга. Это усложняет управленческий процесс. Высокие темпы роста и развития имеют те бюджетные авиакомпании, которые являются самостоятельными структурами («Ryanair», «easyJet» и «Volotea»).

Во-вторых: авиакомпания эксплуатирует лайнеры «Boeing 737-800», которые по уровню комфорта для пассажиров уступают лайнерам семейства «Airbus A-320».

В-третьих: компания концентрирует маршрутную сеть на направлениях Западная Европа – Северная Африка, в то время как маршрутная сеть лидеров рынка сконцентрирована на территории Франции, Италии, Испании и Великобритании (фаворитов туристического рынка Европы).

Франция могла бы стать ведущей европейской страной, имеющий набольшее влияние на рынок в бюджетном сегменте и для этого были все предпосылки: собственное авиастроение, развитая сеть региональных аэропортов, развитая индустрия туризма, выгодное географическое расположение, богатый опыт в организации и развитии рынка пассажирских авиаперевозок. Но, увы, крупнейшими бюджетными авиакомпаниями являются авиаперевозчики из Ирландии («Ryanair») и Великобритании («easyJet»).

Испания предприняла ряд эффективных мер для стимулирования развития авиаперевозок. Авиакомпании получают определенные льготы и преференции, выстраивая маршрутную сеть на базе региональных аэропортов страны. Это послужило основой для развития национальных бюджетных авиаперевозчиков «Vueling», «Volotea» и «Air Europe». Расширение рынка пассажирских авиаперевозок является важным фактором в развитии национальной системы туризма Испании. Осознавая это, в 2020 и 2021 годах испанское правительство предприняло ряд мер, направленных на поддержку национальных авиаперевозчиков. Интересным является и тот факт, что «Iberia» (национальный классический авиаперевозчик) и «Vueling» (испанская бюджетная авиакомпания) входят в структуру холдинга «IAG» (Великобритания), что затрудняет получение государственной поддержки, в связи с кризисной ситуацией на рынке. А «Volotea» является испанской авиакомпанией (она зарегистрирована в Испании), поэтому 2020 и 2021 гг. ознаменовались для авиакомпании ростом и развитием. Авиакомпания вывела из эксплуатации лайнеры «Boeing 717-200» и приобрела новые «Airbus A-319-100» и «Airbus A-320-200», что позволило расширить маршрутную сеть на территории Испании, Италии и Франции.

После небольшого отступления вернемся к анализу французских авиакомпаний. По состоянию на январь 2022 года на территории Франции осуществляют деятельность 14 авиакомпаний, флот которых составляет 509 воздушных судов (всех типов), а средний возраст 14 лет.

Крупнейшим авиаперевозчиком Франции является авиакомпания «Air France». Это старейшая авиакомпания Европы, ведущая свое начало с далекого 1933 года, а количество сотрудников авиакомпании превышает 80 тысяч человек. Компания выполняет регулярные рейсы, связывающие Францию практически со всеми странами мира, а хабами (базовыми аэропортами) являются столичные Шарль де Голь и Орли.

В 2004 году, когда на европейском рынке прослеживалась тенденция к укрупнению авиакомпаний, и когда бюджетные авиаперевозчики стали восприниматься лидерами рынка как конкуренты, был образован глобальный авиационный холдинг «Air France - KLM», в который вошла французская «Air France» и голландская «KLM». Создавать холдинговую структуру в рамках двух юрисдикций – это весьма рискованный шаг, но, по всей видимости между Голландией и Францией были достигнуты договоренности, которые исключили возможные противоречия при негативном сценарии развития рынка.

Франция и Голландия имеют аэропорты (Париж – Шарль де Голь и Амстердам – Схипхол), которые являются ведущими авиатранспортными узлами Европы, приблизительно с одинаковым пассажиропотоком. «Air France» имеет развитую маршрутную сеть в Европе и Африке, а «KLM» ориентирована больше на Американский континент. Важно отметить, что до

2019 года стоимость авиабилетов по направлениям Россия – Европа у «Air France» и «KLM» (стыковочные билеты на две авиакомпании можно приобретать на сайте обоих авиаперевозчиков) были ниже на 10% - 20%, чем у конкурентов. Безусловно, объединение в холдинговую структуру позволило французской и голландской авиакомпаниям усилить свои позиции на рынке.

По состоянию на январь 2022 года «Air France» эксплуатирует 194 лайнера (192 пассажирских и 2 грузовых). Еще 59 лайнеров заказаны, их поставки ожидаются в 2022-2025 гг. Средний возраст парка 14,7 лет, что является достаточно высоким показателем.

Таблица-1. *Парк воздушных судов французской авиакомпании «Air France» по состоянию на январь 2022 года*

Лайнер	Количество в парке, ед.	Заказано ед.
Airbus A-220-300	5	55
Airbus A-318-100	18	-
Airbus A-319-100	26	-
Airbus A-320-200	40	-
Airbus A-321-100	3	-
Airbus A-321-200	12	-
Airbus A-330-200	11	-
Airbus A-350	11	4
Boeing 777-200	17	-
Boeing 777-300ER	39	-
Boeing 777-F (грузовой)	2	-
Boeing 787-9 Dreamliner	10	-
ИТОГО:	**194**	**59**

Теперь проведем анализ структуры парка. В 2020 году было заключено соглашение между «Air France» и европейской авиастроительной корпорацией «Airbus SE» на приобретение 60 лайнеров модели «Airbus A-220-300» - это самая «маленькая» и самая «молодая» модель у авиастроительного гиганта. Лайнер производится с 2015 года, и уже эксплуатируется свыше 170 единиц. Авиакомпании со всего мира проявляют интерес к данной модели, несмотря на то, что лидерство в сегменте всегда было за «Airbus A-319» и «Boeing-737». Модель «Airbus A-220» достаточно эффективна на рынке, а «Air France» приобретает ее для замены «Airbus A-319-100» и Airbus A-318-100.

Отметим, что «Air France» одна из немногих авиакомпаний – эксплуатантов Airbus A-318-100. Эта модель не получила развития и широкого распространения. За 20 лет было выпушено 100 единиц. Лайнер «Airbus A-318-100» имеет вместимость (эксплуатируемый «Air France») – 131 кресло, но по техническим характеристикам схож с «Airbus A-319-100», который вместительней на 10-15 кресел. По факту, 10% - это показатель эксплуатационной эффективности, который является ключевым фактором в выборе модели авиакомпаниями. Модели «Airbus A-318-100» в парке «Air France» достаточно возрастные (от 14,5 до 18 лет). Вероятно, что именно эта модель будет выведена из эксплуатации при пополнении парка новой модификацией «Airbus A-220-300».

Рисунок-22. *Лайнеры Airbus A-318-100 в парке авиакомпании «Air France» по состоянию на январь 2022 г.*

F-GUGC	Airbus A318-100	CY131	Nov 2003	Parked, lsd	18.1 Years
F-GUGE	Airbus A318-100	CY131	Dec 2003	Parked, lsd	18 Years
F-GUGF	Airbus A318-100	CY131	Apr 2004		17.9 Years
F-GUGG	Airbus A318-100	CY131	Oct 2004	lsd	17.2 Years
F-GUGH	Airbus A318-100	CY131	Dec 2004	lsd	17.1 Years
F-GUGI	Airbus A318-100	CY131	Dec 2004		17.1 Years
F-GUGJ	Airbus A318-100	CY131	Oct 2005		16.2 Years
F-GUGK	Airbus A318-100	CY131	Nov 2005	lsd	16.1 Years
F-GUGL	Airbus A318-100	CY131	Feb 2006	lsd	15.8 Years
F-GUGM	Airbus A318-100	CY131	Apr 2006		15.7 Years
F-GUGN	Airbus A318-100	CY131	Oct 2006		15.1 Years
F-GUGO	Airbus A318-100	CY131	Nov 2006	lsd	15.1 Years
F-GUGP	Airbus A318-100	CY131	Dec 2006		15 Years
F-GUGQ	Airbus A318-100	CY131	Jan 2007		15 Years
F-GUGR	Airbus A318-100	CY131	Feb 2007	lsd	14.9 Years

«Airbus A-220», имеет вместимость от 110 до 130 мест, в зависимости от модификации. Но не исключен вариант появления более вместительной модели, до 150 пассажиров. Авиакомпании, которые получают лайнер, отзываются положительно о его технических и эксплуатационных характеристиках.

«Air France» получила первый экземпляр новой модели в сентябре 2021 года. По состоянию на январь 2022 года четыре лайнера активно эксплуатируются авиакомпанией, а один проходит предэксплуатационную подготовку (регистрационный номер: F-HZUD).

Рисунок-23. *Лайнеры Airbus A-220-300 в парке авиакомпании «Air France» по состоянию на январь 2022 г.*

F-HZUA	Airbus A220-300	CY148	Sep 2021		Le Bourget W	0.3 Years
F-HZUB	Airbus A220-300	CY148	Nov 2021	Isd	Saint-Jean-de-Luz W	0.1 Years
F-HZUC	Airbus A220-300	CY148	Nov 2021		Senlis W	0.1 Years
F-HZUD	Airbus A220-300	CY148	On Order			
F-HZUE	Airbus A220-300	CY148	Dec 2021		Giverny W	0.1 Years

Рисунок-24. *Лайнер Airbus A-318-100 авиакомпании «Air France»*

Европейская авиастроительная корпорация «Airbus SE» возлагает большие надежды на модель семейства «Airbus A-220». Особенностью является то, что сборка модели осуществляется на заводе «Airbus SE» в Канаде. В Европе, по состоянию на январь 2022 года, самым крупным эксплуатантом «Airbus A-220» является швейцарская авиакомпания «SWISS». В парке авиаперевозчика насчитывается 29 лайнеров: «Airbus A-220-100» - 8 единиц техники и «Airbus A-220-300» - 21 воздушное судно. Швейцария активно обновляет парк воздушных судов, выводя старые, эксплуатационно не эффективные модели, и заменяя их самыми современными воздушными судами. Воздушным судам «Airbus A-220» в парке «SWISS» от 1 до 3 лет и авиакомпания выражает заинтересованность в расширении парка за счет новых приобретений данной модели. Однако в парке швейцарского авиаперевозчика продолжают присутствовать модели, которым от 15 до 20 лет и даже до 25 лет, и обновление которых авиакомпании необходимо произвести в краткосрочной перспективе.

Рисунок-25. *Лайнеры Airbus A-220 в парке авиакомпании «SWISS» по состоянию на январь 2022 г.*

HB-JBI	Airbus A220-100	CY125	Jul 2019		2.5 Years
HB-JCP	Airbus A220-300	CY145	Aug 2018		3.4 Years
HB-JCQ	Airbus A220-300	CY145	Sep 2018		3.3 Years
HB-JCR	Airbus A220-300	CY145	Nov 2018		3.2 Years
HB-JCS	Airbus A220-300	CY145	Dec 2018		3.1 Years
HB-JCT	Airbus A220-300	CY145	Jan 2019		3 Years
HB-JCU	Airbus A220-300	CY145	May 2021	Davos W	0.7 Years

Рисунок-26. *Лайнер Airbus A-220-100 авиакомпании «SWISS»*

Возможет ли отказ от приобретения «Airbus A-220-300» в связи с пандемией и пересмотром стратегии развития авиакомпании? Нет, подобный сценарий маловероятен, так как развитие авиастроительной отрасли для Европейского Союза является стратегической задачей в условиях преодоления сложившегося кризиса.

Лайнеры «Airbus A-319-100» в парке «Air France», которых 26 единиц по состоянию на январь 2022 г. имеют также высокий возрастной показатель. Средний возраст воздушных судов данной модели составляет от 15 до 20 лет. Разумным и рациональным решением является вывод данной модели из эксплуатации. В свое время это были современные и экономически эффективные воздушные суда, но технический прогресс не стоит на месте и спустя 20 лет эксплантация данной модели экономически необоснованна.

Рисунок-27. *Лайнер Airbus A-319-100 авиакомпании «Air France»*

Вариант перехода лайнеров в парк воздушных судов дочерних структур маловероятен. Возможно, лайнеры будут куплены российскими или африканскими перевозчиками и еще на протяжении 5-10 лет будут осуществлять перевозку пассажиров до полной выработки ресурса.

Рисунок-28. *Лайнеры Airbus A-319-100 в парке авиакомпании «Air France» по состоянию на январь 2022 г.*

F-GRHQ	Airbus A319-100	CY142	Jan 2001	lsd	21 Years
F-GRHR	Airbus A319-100	CY143	Jan 2001	lsd	20.9 Years
F-GRHS	Airbus A319-100	CY143	Mar 2001	lsd	20.8 Years
F-GRHT	Airbus A319-100	CY143	Mar 2001		20.8 Years
F-GRHV	Airbus A319-100	CY143	May 2001		20.6 Years
F-GRHX	Airbus A319-100	CY142	Jun 2001	Parked	20.5 Years
F-GRHY	Airbus A319-100	CY143	Nov 2001		20.1 Years
F-GRHZ	Airbus A319-100	CY143	Nov 2001		20.1 Years
F-GRXA	Airbus A319-100	CY143	Dec 2001	lsd	20 Years
F-GRXB	Airbus A319-100	CY142	Dec 2001	lsd	20 Years
F-GRXC	Airbus A319-100	CY143	Feb 2002	lsd	19.8 Years
F-GRXD	Airbus A319-100	CY143	Mar 2002	Parked, lsd	19.8 Years
F-GRXE	Airbus A319-100	CY143	May 2002	lsd	19.6 Years
F-GRXF	Airbus A319-100	CY143	Mar 2003		18.8 Years
F-GRXJ	Airbus A319-100	CY143	Apr 2005	lsd	16.7 Years
F-GRXK	Airbus A319-100	CY143	Mar 2006		15.8 Years

Лайнеры «Airbus A-320-200» являются основой парка воздушных судов французского авиаперевозчика. Их возраст от 4 до 12 лет, но есть лайнеры с возрастом эксплуатации от 16 до 20 лет. Моделей «Airbus A-320 neo» в парке авиакомпании в настоящее время нет, и заказов на приобретение данной модели «Air France» не размещала.

Рисунок-29. *Лайнеры Airbus A-320-200 в парке авиакомпании «Air France» по состоянию на январь 2022 г.*

F-HBNC	Airbus A320-200	CY178	Mar 2011	lsd		10.8 Years
F-HBND	Airbus A320-200	CY178	Mar 2011	lsd		10.8 Years
F-HBNE	Airbus A320-200	CY178	Apr 2011	lsd	Lourdes W	10.7 Years
F-HBNF	Airbus A320-200	CY178	Sep 2014	lsd		10.6 Years
F-HBNG	Airbus A320-200	CY178	Jun 2011	lsd		10.5 Years
F-HBNH	Airbus A320-200	CY178	Sep 2014	lsd		10.4 Years
F-HBNJ	Airbus A320-200	CY178	Nov 2011	lsd		10.1 Years
F-HBNK	Airbus A320-200	CY178	Apr 2012	lsd	Tarbes W	9.7 Years
F-HBNL	Airbus A320-200	CY178	Apr 2015	lsd		9.6 Years
F-HEPA	Airbus A320-200	CY174	Dec 2009	lsd		12 Years
F-HEPB	Airbus A320-200	CY174	Mar 2010	lsd	Kourou W	11.8 Years
F-HEPC	Airbus A320-200	CY174	Jun 2019	lsd	Basse-Terre W	11.7 Years
F-HEPD	Airbus A320-200	CY174	May 2010	lsd		11.6 Years
F-HEPE	Airbus A320-200	CY174	May 2010	lsd		11.6 Years
F-HEPF	Airbus A320-200	C14Y144	Aug 2013	lsd		8.4 Years
F-HEPG	Airbus A320-200	CY174	Oct 2013	lsd		8.2 Years
F-HEPH	Airbus A320-200	CY174	Dec 2013	lsd	Istres W	8.1 Years
F-HEPI	Airbus A320-200	CY174	Jul 2017	SkyTeam cs		4.5 Years
F-HEPJ	Airbus A320-200	CY174	Oct 2017			4.2 Years
F-HEPK	Airbus A320-200	CY174	Mar 2018			3.8 Years
F-HZFM	Airbus A320-200		Dec 2019	lsd	Figari W	8 Years

«Airbus A-320» долгие годы является самой продаваемой моделью. Его эксплуатируют авиакомпании по всему миру и в сегменте бюджетных авиаперевозок – это самая востребованная модель.

Почему «Air France» не приобретает «Airbus A-320 neo»?

Возможно, модификация самой популярной модели не является для авиаперевозчика приоритетным в вопросах обновления парка. Вероятно, «Air France» закупит лайнеры «Airbus A-320 neo» в 2025-2030 гг. когда средний возраст эксплуатируемых моделей перешагнет отметку в 18-20 лет.

Рисунок-30. Лайнер Airbus A-320-200 авиакомпании «Air France»

Самая вместительная модификация узкофюзеляжных «Airbus» - модель «Airbus-321-200» является самой возрастной в парке французского авиаперевозчика. Воздушным судам данной модели в парке «Air France» от 12 до 24 лет. Безусловно, это является высоким показателем, если учесть и тот факт, что европейские бюджетные авиакомпании уже перешли на эксплуатацию «Airbus-321 neo».

Рисунок-31. *Лайнеры Airbus A-321-200 в парке авиакомпании «Air France» по состоянию на январь 2022 г.*

F-GTAD	Airbus A321-200	CY200	Feb 1998	Parked	Annecy W	23.8 Years
F-GTAE	Airbus A321-200	CY200	Mar 1998	SkyTeam cs		23.8 Years
F-GTAH	Airbus A321-200	CY200	Dec 1999		Dax W	22.1 Years
F-GTAJ	Airbus A321-200	CY212	Jun 2019		Ajaccio	20.7 Years
F-GTAK	Airbus A321-200	CY212	Jun 2019	lsd	Meaux W	20 Years
F-GTAM	Airbus A321-200	CY212	Jun 2019		Calvi	19.1 Years
F-GTAP	Airbus A321-200	CY212	Jan 2008	lsd	Épinal W	13.9 Years
F-GTAQ	Airbus A321-200	CY212	Feb 2008	lsd	Clermont-Ferrand W	13.8 Years
F-GTAS	Airbus A321-200	CY212	Jun 2019	Parked, lsd	Castres	13.8 Years
F-GTAT	Airbus A321-200	CY212	Jun 2019	lsd	Aurillac W	13.7 Years
F-GTAU	Airbus A321-200	CY200	Feb 2009			12.8 Years
F-GTAX	Airbus A321-200	CY212	Jun 2009	lsd		12.5 Years
F-GTAY	Airbus A321-200	CY200	Mar 2010	lsd		11.7 Years

Рисунок-32. *Лайнер Airbus A-321-200 авиакомпании «Air France»*

Почему мы уделили столько внимания анализу парка воздушных судов «Air France»? Потому что сегмент среднемагистральных узкофюзеляжных воздушных судов является стратегической основой авиаперевозчика. Именно эти воздушные суда обслуживают внутренние и международные (внутриевропейские) авиарейсы. В этом сегменте очень высокая конкуренция с бюджетными авиа перевозчиками, которые год от года усиливают свои позиции на французском рынке.

В сегменте широкофюзеляжных воздушных судов ситуация имеет принципиальные отличия. В узкофюзеляжном среднемагистральном сегменте все лайнеры европейского производства. В сегменте дальнемагистральных, широкофюзеляжных воздушных судов преобладают лайнеры американского авиастроительного гиганта «Boeing». «Air France» приобрела 15 лайнеров «Airbus A-350» (11 уже поставлены и 4 ожидают поставок), но это единственные европейские лайнеры в парке авиакомпании.

В 2020 году, когда рынок был потрясен событиями, связанными с пандемией «COVID-19», авиакомпания «Air France» вывела из эксплуатации 10 лайнеров «Airbus A380-800», являющихся самыми крупными широкофюзеляжными воздушными судами в мире. В том же 2020 году европейская авиастроительная корпорация «Airbus SE» анонсировала завершение производства моделей «Airbus A380-800» на заводе в Тулузе (Франция). Не поддается сомнению то, что «Airbus A380-800» был самым крупномасштабным проектом в истории гражданского самолетостроения, опередившим время и ушедшим в историю из-за пандемии «COVID-19». В ближайшее десятилетие рынок уже не испытает потребности в лайнерах-гигантах, способных брат на борт от 550 до 850 пассажиров единовременно. Эпоха «Airbus A380-800» ушла в историю или же вновь будет актуальна в перспективе 2030-2050 гг… Время покажет.

Рисунок-33. *Лайнер Airbus A-380-800 авиакомпании «Air France», выведенный из эксплуатации в 2020 году*

Рисунок-34. *Лайнер Airbus A-350 авиакомпании «Air France»*

Важно отметить, что модели «Airbus A-350» и «Boeing 787-9 Dreamliner» являются прямыми конкурентами и флагманами авиастроительных корпораций в сегменте дальнемагистральных широкофюзеляжных воздушных судов. А компания «Air France» эксплуатирует лайнеры обоих моделей, несмотря на то, что во французской Тулузе осуществляют сборку «Airbus A-350». Французский рынок является открытым для всех авиа производителей, предпочтения отдаются только более конкурентным моделям.

Рисунок-35. *Лайнер Boeing 787-9 Dreamliner авиакомпании «Air France»*

Флот «Airbus A-350» является более молодым по сравнению с «Boeing 787-9 Dreamliner». Однако, американский конкурент востребован авиакомпанией и его эксплуатация доказала свою эффективность. Лайнеры «Boeing 777» различных модификаций обслуживают африканские и американские направления, а азиатские и ближневосточные направления обслуживают «Boeing 787-9 Dreamliner» и «Airbus A-350», где выше конкуренция, и где конкурирующие авиакомпании также используют самые совершенные модели лайнеров. Рыночные условия являются важным фактором при разработке стратегии. Там, где рынок имеет высокоразвитую конкуренцию, происходит развитие, а те региональные рынки, структуры которых противоречат законам экономики, надолго остаются в стагнации. Еще одним негативным проявлением нарушения законов рынка является безопасность. На развивающихся рынках количество авиационных происшествий значительно выше, чем на развитых рынках с высокоразвитой конкуренцией.

Рисунок-36. *Лайнеры Airbus A-350 в парке авиакомпании «Air France» по состоянию на январь 2022 г.*

F-HTYA	Airbus A350-900	C34W24Y266	Sep 2019		Toulouse	2.3 Years
F-HTYB	Airbus A350-900	C34W24Y266	Oct 2019		Lyon	2.2 Years
F-HTYC	Airbus A350-900	C34W24Y266	Nov 2019		Saint Denis de La Reunion	2.1 Years
F-HTYD	Airbus A350-900	C34W24Y266	Feb 2020		Nice	1.9 Years
F-HTYE	Airbus A350-900	C34W24Y266	May 2020		Bordeaux	1.7 Years
F-HTYF	Airbus A350-900	C34W24Y266	Jun 2020		Marseille	1.5 Years
F-HTYG	Airbus A350-900	C34W24Y266	Mar 2021	lsd	Reims W	0.8 Years
F-HTYH	Airbus A350-900	C34W24Y266	Apr 2021		Dijon W	0.8 Years
F-HTYI	Airbus A350-900	C34W24Y266	Apr 2021		Saint-Malo W	0.7 Years
F-HTYJ	Airbus A350-900	C34W24Y266	Jul 2021		Cannes W	0.6 Years
F-HTYK	Airbus A350-900	C34W24Y266	Jun 2021		Aubusson W	0.6 Years
F-HTYL	Airbus A350-900	C34W24Y266	On Order		Pointe-à-Pitre W	0.4 Years
F-HTYM	Airbus A350-900	C34W24Y266	On Order		Fort-de-France W	0.2 Years

Рисунок-37. *Лайнеры Boeing 787-9 Dreamliner в парке авиакомпании «Air France» по состоянию на январь 2022 г.*

F-HRBA	Boeing 787-9 Dreamliner	C30W21Y225	Nov 2016	lsd		5.1 Years
F-HRBB	Boeing 787-9 Dreamliner	C30W21Y225	Apr 2017			4.7 Years
F-HRBC	Boeing 787-9 Dreamliner	C30W21Y225	Sep 2017	lsd		4.2 Years
F-HRBD	Boeing 787-9 Dreamliner	C30W21Y225	Nov 2017			4.1 Years
F-HRBE	Boeing 787-9 Dreamliner	C30W21Y225	Nov 2017	lsd		4.1 Years
F-HRBF	Boeing 787-9 Dreamliner	C30W21Y225	Apr 2018			3.7 Years
F-HRBG	Boeing 787-9 Dreamliner	C30W21Y225	Nov 2018			3.1 Years
F-HRBH	Boeing 787-9 Dreamliner	C30W21Y225	Apr 2019			2.7 Years
F-HRBI	Boeing 787-9 Dreamliner	C30W21Y225	May 2019			2.6 Years
F-HRBJ	Boeing 787-9 Dreamliner	C30W21Y225	Jul 2020		Saint Emilion	1.5 Years

Внутри страны «Air France» выполняет рейсы по 15 направлениям, а всего у авиаперевозчика 188 направлений. Таким образом, менее 10% приходится на внутреннюю маршрутную сеть и это значит, что авиакомпания позиционирует себя как глобальный авиаперевозчик, а внутренние направления необходимы для осуществления стыковочных рейсов на базе столичных аэропортов. Действительно, если взглянуть на расписание региональных аэропортов, то мы увидим, что «Air France» выполняет как утренние рейсы, так и вечерние рейсы, таким образом, пассажиры регионов Франции имеют возможность совершить стыковку в рамках маршрутной сети авиаперевозчика.

Достаточно необычным и перспективным направлением развития бизнеса, по мнению «Air France», является продажа смешанных билетов железнодорожный + авиа перелет. Это направление получило развитие в период первой волны пандемии, марте-мае 2020 года, и доказало свою эффективность.

У бюджетных авиаперевозчиков не развиты направления между регионами Франции и столичными аэропортами Шарль де Голь, Орли и Бове. Бюджетные авиаперевозчики концентрируют маршрутную сеть между регионами Франции, а также между региональными французскими аэропортами и крупными европейскими городами. Таким образом, авиакомпания «Air France» ориентирована на международный трафик, а бюджетные авиакомпании обслуживают межрегиональные направления.

Теперь рассмотрим другие авиакомпании, зарегистрированные во Франции.

Компания «Air Caraïbes Atlantique» – осуществляет обслуживание рейсов между Францией и заморскими французскими территориями, а также между Францией и странами Карибского бассейна. Она ориентирована на работу с туристическими операторами, а пассажирами являются французские и другие европейские туристы. Авиакомпания располагает современным парком воздушных судов в количестве 7 единиц. Парк авиакомпании состоит из лайнеров «Airbus A-350» и «Boeing 777». Средний возраст парка около 7 лет. Существенного влияния на французский рынок пассажирских авиаперевозок авиакомпания не имеет.

Отметим, что в структуру рынка пассажирских авиаперевозок Франции входят авиакомпании, которые базируются на территории заморских французских территорий. Общая площадь заморских французских территорий превышает 120 тыс. кв. км, а население составляют свыше 2,7 млн. жителей. Французское правительство уделяет особое внимание транспортному авиасообщению материковой Франции с заморскими территориями.

Рисунок-38. *Лайнер Airbus A-350 авиакомпании «Air Caraïbes Atlantique»*

«Air Corsica» – региональная французская авиакомпания, осуществляющая обслуживание рейсов между материковой Францией и островом Корсика. Базируется на территории всех четырех корсиканских аэропортов. Является важным звеном в структуре внутреннего рынка, обеспечивая население острова регулярным и развитым внутренним авиасообщением, а также развивая островной туризм. Авиакомпания конкурирует с британским авиаперевозчиком «easyJet» и испанской «Volotea», которые также усиливают свои позиции и развивают маршрутную сеть на базе корсиканских аэропортов.

Рисунок-39. *Лайнер Airbus A-320 neo авиакомпании «Air Corsica»*

«Airbus Transport International» - авиатранспортная компания европейской авиастроительной корпорации «Airbus SE». Влияния на рынок пассажирских авиаперевозок не оказывает. Она выполняет грузовые рейсы в интересах «Airbus SE» на уникальных лайнерах «Airbus A300-600ST» и «Airbus A330-700», перевозит фюзеляжи и агрегаты для строящихся воздушных судов. Лайнеры авиакомпании приспособлены для очень узкого сегмента в структуре авиационной логистики, поэтому не получили широкого распространения на рынке.

Рисунок-40. *Лайнер Airbus A300-600ST авиакомпании «Airbus Transport International»*

Рисунок-41. *Лайнер Airbus A330-700 авиакомпании «Airbus Transport International»*

«ASL Airlines France» - французская авиакомпания, базирующаяся в Трамбле-ан-Франс. Осуществляет почтовые и грузовые перевозки для почтовых служб, а также регулярные и чартерные пассажирские перевозки в дневное время. Флот авиакомпании состоит из 11 лайнеров «Boeing 737» в возрасте от 15 до 30 лет. Влияния на французский рынок авиаперевозок авиакомпания не оказывает.

Рисунок-42. *Лайнер Boeing-737-700 авиакомпании «ASL Airlines France»*

Рисунок-43. *Лайнеры Boeing-737 авиакомпании «ASL Airlines France», по состоянию на январь 2022 г.*

F-GIXC	Boeing 737-300(F)	Cargo	Jun 2015	Parked	30.6 Years
F-GIXT	Boeing 737-300(QC)	Y147 / Cargo	Jun 2015	Parked	24.4 Years
F-GZTB	Boeing 737-300(QC)	Y147 / Cargo	Jun 2016	Parked	22.8 Years
F-GIXN	Boeing 737-400(F)	Cargo	Jun 2015		29.9 Years
F-GIXU	Boeing 737-400(F)	Cargo	Jan 2019	Parked	29.8 Years
F-GZTI	Boeing 737-400(F)	Cargo	Jun 2015	lsd	30.7 Years
F-GZTJ	Boeing 737-400(F)	Cargo	Jun 2015	lsd	29.8 Years
F-GZTK	Boeing 737-400(F)	Cargo	Aug 2015		30.3 Years
F-GZTX	Boeing 737-400(F)	Cargo	Nov 2019	lsd	29.9 Years
F-GZTO	Boeing 737-700	Y148	Dec 2019	lsd	22.8 Years
F-GZTP	Boeing 737-700	Y149	Mar 2017	Parked, lsd	15 Years
F-GZTQ	Boeing 737-700	Y149	Apr 2019	lsd	22.8 Years
F-HIQB	Boeing 737-800(F)	Cargo	Jul 2020		14.7 Years
F-HIQC	Boeing 737-800(F)	Cargo	Apr 2021		15.6 Years
F-HIQD	Boeing 737-800(F)	Cargo	May 2021	opf Federal Express (FedEx)	15.1 Years
F-HIQE	Boeing 737-800(F)	Cargo	Aug 2021		14.8 Years

«CMA CGM Air Cargo» - французская грузовая авиакомпания, осуществляющая эксплуатацию четырех лайнеров «Airbus A330-200F». Влияния на французский рынок авиакомпания не оказывает.

Рисунок-44. *Лайнер Airbus A330-200F авиакомпании «CMA CGM Air Cargo»*

«Corsair» - французская чартерная авиакомпания, располагающая широкофюзеляжным парком воздушных судов, в количестве 8 единиц со средним возрастом чуть более 7 лет. Обслуживает сегмент чартерных авиаперевозок и существенного влияния на французский рынок не оказывает. Однако компания развивается динамичными темпами и в течение последних четырех лет значительно обновила парк воздушных судов. Вероятно, авиакомпания будет развивать данный сегмент, при успешном выходе из сложившегося кризиса.

Рисунок-45. *Лайнер Airbus A330-900 авиакомпании «Corsair»*

Рисунок-46. *Лайнеры Airbus A330 авиакомпании «Corsair», по состоянию на январь 2022 г.*

F-HJAZ	Airbus A330-343	C18W12Y268	14 Feb 2020	lsd	12 Years
F-HROK	Airbus A330-343	C18W12Y268	16 Jul 2020	lsd	11.7 Years
F-HSKY	Airbus A330-343	C12W12Y328	16 Nov 2012		9.1 Years
F-HZEN	Airbus A330-343	C12W12Y328	15 Jan 2013	Parked, lsd	9 Years
F-HHUG	Airbus A330-941	C20W21Y311	25 Jun 2021	lsd	0.5 Years
F-HKYS	Airbus A330-941	C20W21Y311	16 Nov 2021	lsd	0.3 Years
F-HRNB	Airbus A330-941	C20W21Y311	30 Mar 2021	lsd	1.1 Years
F-HSKA	Airbus A330-941	C20W21Y311	1 Apr 2021	lsd	0.8 Years

«French bee» - французская чартерная авиакомпания, моноэксплуатант лайнеров Airbus A-350. В парке авиаперевозчика четыре лайнера данной модели, а средний возраст парка составляет менее 4-х лет.

Рисунок-47. *Лайнер Airbus A350 авиакомпании «French bee»*

Мы можем заключить, что модель «Airbus A-350» наравне с новыми моделями «Airbus A-330» является эффективной и востребованной у европейских чартерных авиакомпаний. Однако важно понимать, что на структуру маршрутной сети региональных аэропортов чартерные авиакомпании влияния не оказывают. Как правило, они выполняют рейсы из столичных аэропортов Франции – Орли и Бове. При этом бюджетные авиакомпании, базирующиеся в этих аэропортах, могут осуществлять доставку пассажиров из регионов Франции, что оказывает не прямое, а косвенное влияние на рынок.

Описав воздействие грузовых, региональных и чартерных авиакомпаний на французский рынок мы, в заключение главы, рассмотрим влияние крупнейшей французской региональной авиакомпании «HOP!». Это дочерняя структура глобального авиационного холдинга «Air France – KLM», располагающая парком воздушных судов в количестве 51 единицы со средним возрастом парка чуть менее 12 лет. Основу флота составляют канадские и бразильские среднемагистральные воздушные суда:

- Bombardier CRJ-1000EL (CL-600-2E25) – 14 единиц;

- Bombardier CRJ-701 (CL-600-2C10) – 3 единиц;

- Embraer ERJ-170STD (ERJ-170-100) – 15 единиц;

- Embraer ERJ-190LR (ERJ-190-100 LR) – 19 единиц.

Рисунок-48. *Лайнеры Bombardier CRJ-1000EL авиакомпании «HOP!» по состоянию на январь 2022 г.*

F-HMLA	Bombardier CRJ-1000EL (CL-600-2E25)	Y100	31 Mar 2013		11.4 Years
F-HMLC	Bombardier CRJ-1000EL (CL-600-2E25)	Y100	31 Mar 2013		11.4 Years
F-HMLD	Bombardier CRJ-1000EL (CL-600-2E25)	Y100	31 Mar 2013		11 Years
F-HMLE	Bombardier CRJ-1000EL (CL-600-2E25)	Y100	31 Mar 2013		11 Years
F-HMLF	Bombardier CRJ-1000EL (CL-600-2E25)	Y100	31 Mar 2013		11 Years
F-HMLG	Bombardier CRJ-1000EL (CL-600-2E25)	Y100	31 Mar 2013		10.9 Years
F-HMLH	Bombardier CRJ-1000EL (CL-600-2E25)	Y100	31 Mar 2013		10.8 Years
F-HMLI	Bombardier CRJ-1000EL (CL-600-2E25)	Y100	31 Mar 2013		10.5 Years
F-HMLJ	Bombardier CRJ-1000EL (CL-600-2E25)	Y100	31 Mar 2013		10.3 Years
F-HMLK	Bombardier CRJ-1000EL (CL-600-2E25)	Y100	31 Mar 2013		10.3 Years
F-HMLL	Bombardier CRJ-1000EL (CL-600-2E25)	Y100	31 Mar 2013	Parked	10.2 Years
F-HMLM	Bombardier CRJ-1000EL (CL-600-2E25)	Y100	31 Mar 2013	Parked	9.8 Years
F-HMLN	Bombardier CRJ-1000EL (CL-600-2E25)	Y100	31 Mar 2013	Parked	9.7 Years
F-HMLO	Bombardier CRJ-1000EL (CL-600-2E25)	Y100	19 Feb 2015		6.9 Years

Рисунок-49. *Лайнеры Bombardier CRJ-701 авиакомпании «HOP!» по состоянию на январь 2022 г.*

F-GRZH	Bombardier CRJ-701 (CL-600-2C10)	Y70	31 Mar 2013	Parked	18.8 Years
F-GRZJ	Bombardier CRJ-701 (CL-600-2C10)	Y70	31 Mar 2013	Parked	18.7 Years
F-GRZL	Bombardier CRJ-701 (CL-600-2C10)	Y70	31 Mar 2013	Parked	15.9 Years

Рисунок-50. *Лайнеры Embraer ERJ-170STD авиакомпании «HOP!» по состоянию на январь 2022 г.*

F-HBXA	Embraer ERJ-170STD (ERJ-170-100)	Y76	31 Mar 2013		13.4 Years
F-HBXB	Embraer ERJ-170STD (ERJ-170-100)	Y76	31 Mar 2013		13.2 Years
F-HBXC	Embraer ERJ-170STD (ERJ-170-100)	Y76	31 Mar 2013		13.1 Years
F-HBXD	Embraer ERJ-170STD (ERJ-170-100)	Y76	31 Mar 2013		12.7 Years
F-HBXE	Embraer ERJ-170STD (ERJ-170-100)	Y76	31 Mar 2013		12.6 Years
F-HBXF	Embraer ERJ-170STD (ERJ-170-100)	Y76	31 Mar 2013		12.4 Years
F-HBXG	Embraer ERJ-170STD (ERJ-170-100)	Y76	31 Mar 2013		12.1 Years
F-HBXH	Embraer ERJ-170STD (ERJ-170-100)	Y76	2 May 2015		11.7 Years
F-HBXI	Embraer ERJ-170STD (ERJ-170-100)	Y76	31 Mar 2013		11.6 Years
F-HBXJ	Embraer ERJ-170STD (ERJ-170-100)	Y76	31 Mar 2013		11.5 Years
F-HBXK	Embraer ERJ-170LR (ERJ-170-100 LR)	Y76	31 Mar 2013	lsd	18.6 Years
F-HBXL	Embraer ERJ-170LR (ERJ-170-100 LR)	Y76	31 Mar 2013	Parked, lsd	18.6 Years
F-HBXM	Embraer ERJ-170LR (ERJ-170-100 LR)	Y76	31 Mar 2013	lsd	18.6 Years
F-HBXN	Embraer ERJ-170LR (ERJ-170-100 LR)	Y76	31 Mar 2013	lsd	18.6 Years
F-HBXO	Embraer ERJ-170LR (ERJ-170-100 LR)	Y76	31 Mar 2013	lsd	17.6 Years

Рисунок-51. *Лайнеры Embraer ERJ-190LR авиакомпании «HOP!» по состоянию на январь 2022 г.*

F-HBLA	Embraer ERJ-190LR (ERJ-190-100 LR)	Y100	31 Mar 2013	Parked, lsd	15.1 Years
F-HBLB	Embraer ERJ-190LR (ERJ-190-100 LR)	Y100	31 Mar 2013	lsd	15.1 Years
F-HBLC	Embraer ERJ-190LR (ERJ-190-100 LR)	Y100	31 Mar 2013	lsd	14.6 Years
F-HBLD	Embraer ERJ-190LR (ERJ-190-100 LR)	Y100	31 Mar 2013	lsd	14.2 Years
F-HBLE	Embraer ERJ-190LR (ERJ-190-100 LR)	Y100	31 Mar 2013	lsd	14.1 Years
F-HBLF	Embraer ERJ-190LR (ERJ-190-100 LR)	Y100	31 Mar 2013	lsd	13.7 Years
F-HBLG	Embraer ERJ-190STD (ERJ-190-100)	Y100	31 Mar 2013		12.9 Years
F-HBLH	Embraer ERJ-190STD (ERJ-190-100)	Y100	31 Mar 2013		12.7 Years
F-HBLI	Embraer ERJ-190STD (ERJ-190-100)	Y100	31 Mar 2013		12.5 Years
F-HBLJ	Embraer ERJ-190STD (ERJ-190-100)	Y100	31 Mar 2013		12.3 Years
F-HBLK	Embraer ERJ-190STD (ERJ-190-100)	Y100	21 Dec 2018	Cpt. François Debost, lsd	3 Years
F-HBLL	Embraer ERJ-190STD (ERJ-190-100)	Y100	16 May 2019	lsd	2.6 Years
F-HBLM	Embraer ERJ-190STD (ERJ-190-100)	Y100	22 Aug 2019	lsd	2.4 Years
F-HBLN	Embraer ERJ-190STD (ERJ-190-100)	Y100	20 Sep 2019	lsd	2.3 Years
F-HBLO	Embraer ERJ-190STD (ERJ-190-100)	Y100	18 Oct 2019	lsd	2.2 Years
F-HBLP	Embraer ERJ-190STD (ERJ-190-100)	Y100	30 Dec 2019	lsd	2 Years
F-HBLQ	Embraer ERJ-190STD (ERJ-190-100)	Y100	25 Sep 2020	lsd	1.2 Years
F-	Embraer ERJ-190STD (ERJ-190-100)	Y100	Due	Stored, lsd	12.1 Years
F-	Embraer ERJ-190STD (ERJ-190-100)	Y100	Due	Stored, lsd	12.1 Years

__Рисунок-52.__ Лайнер Bombardier CRJ-1000EL авиакомпании «HOP!»

__Рисунок-53.__ Лайнер Bombardier CRJ-701 авиакомпании «HOP!»

Как было указано выше, «HOP!» является дочерней структурной «Air France» и входит в холдинг «Air France – KLM». Концепция компании заключена в осуществлении региональных перевозок пассажиров внутри Франции, а также в продаже стыковочных рейсов с материнской авиакомпанией «Air France». Авиакомпания создана по образцу голландской «KLM Cityhopper». Безусловно, компания необходима французском рынку и существенным плюсом можно отметить тот факт, что она является частью глобального авиационного холдинга. Но, при этом, необходимо понимать, что ее рост и развитие происходил не такими стремительными темпами, как у бюджетных авиакомпаний. Значит, мы можем заключить, что концепция классического авиаперевозчика на региональных рейсах уступает по многим показателям региональной бюджетной авиакомпании. Если сравнивать флот и перевозные мощности «HOP!» и «Volotea», то у последней более вместительные воздушные суда, следовательно, производственные затраты ниже и стоимость билетов, при прочих равных условиях, может быть ниже французского регионального конкурента.

Рисунок-54. *Лайнер Embraer ERJ-170STD авиакомпании «HOP!»*

Рисунок-55. *Лайнер Embraer ERJ-190LR авиакомпании «HOP!»*

Авиакомпания «HOP!» важна для французского рынка, так как она оказывает влияние на рыночную структуру и является надежным долгосрочным партнером для региональных французских аэропортов. Но, если будет изменена стратегия авиаперевозчика, и авиакомпания перейдет в сегмент бюджетных авиаперевозок, продолжая сотрудничество по направлению стыковочных рейсов с «Air France», а также расширит парк воздушных судов более вместительными моделями, это в совокупности может оказать положительное влияние, как на развитие самой авиакомпании, так и на развитие французского рынка.

Политика «свободного рынка» такова, что возможности у всех участников рынка пассажирских авиаперевозок равные, а успех зависит от эффективного управления, планирования и прогнозирования. Кризис 2020-2021 гг., безусловно, оказал негативное влияние на рынок пассажирских авиаперевозок Франции, но и, вместе с тем, открыл новые возможности и перспективные направления для развития.

Глава-3. Аэропорты Франции

Франция имеет достаточно развитую сеть региональных аэропортов. Столичные аэропорты: Париж – Шарль де Голь, Париж – Орли и Париж – Бове выполняют функцию воздушных ворот Франции. Бессменным лидером по пассажиропотоку является Шарль де Голь, он также один из ведущих авиатранспортных узлов Европы. Помимо аэропорта Шарль де Голь, крупнейшими авиатранспортными узлами Европы являются Лондон – Хитроу (Великобритания), Мадрид – Барахас (Испания), Амстердам – Схипхол (Нидерланды), Франкфурт-на-Майне (Германия). Париж связан регулярным авиасообщением практически со всеми странами мира.

Рисунок-56. *Ведущие аэропорты Европы по состоянию на 2022 г.*

Столичные аэропорты обслуживают как пассажирские, так и грузовые авиакомпании, располагающие всеми типами воздушных судов. Так, аэропорт Шарль де Голь является хабом для национального авиаперевозчика «Air France», Орли развивает сотрудничество с бюджетными и чартерными авиакомпаниями, а Бове относительно молодой, но быстроразвивающийся региональный аэропорт. Развитие аэропорта Бове достигается за счет расширения маршрутной сети бюджетных авиаперевозчиков.

Рисунок-57. *Аэропорт Париж – Шарль де Голь*

Национальный авиаперевозчик «Air France» выполняет внутренние рейсы как из аэропорта Шарль де Голь, так из аэропорта Орли. Внутренние рейсы европейские бюджетные авиакомпании выполняют, преимущественно, из аэропортов Орли и Бове. Внутренняя маршрутная сеть столичных аэропортов достаточно развита, как и международная.

Пандемия COVID-19 и кризис рынка пассажирских авиаперевозок 2020-2021 гг. оказал глобальное влияние на рыночную структуру. В рамках настоящей главы мы постараемся оценить влияние пандемии на деятельность аэропортов Франции и указать те направления посткризисного развития, которые могут дать положительный экономический эффект для всей рыночной структуры. При проведении анализа необходимо учитывать ряд как внешних (политических и экономических), так и внутренних факторов. Французский рынок является частью европейского рынка пассажирских авиаперевозок. Структура рынка такова, что доля бюджетных авиакомпаний составляет около 50% всего национального пассажиропотока и от 50% до 80% пассажиропотока приходится на региональные аэропорты.

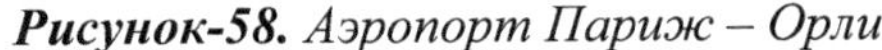

Рисунок-58. *Аэропорт Париж – Орли*

Рисунок-59. *Аэропорт Париж – Бове*

С целью достижения наиболее объективного анализа мы будем возвращаться к другим главам данного исследования, а также к материалам, опубликованным в другой моей книге, посвященной французскому рынку пассажирских авиаперевозок «Бюджетные авиакомпании на рынке авиаперевозок Франции».

Приведем данные влияния пандемии COVID-19 на падение пассажиропотока по итогам 2020 года.

Рисунок-60. *Падение пассажиропотока по итогам деятельности в 2020 году, % по отношению к показателям 2019 г.*

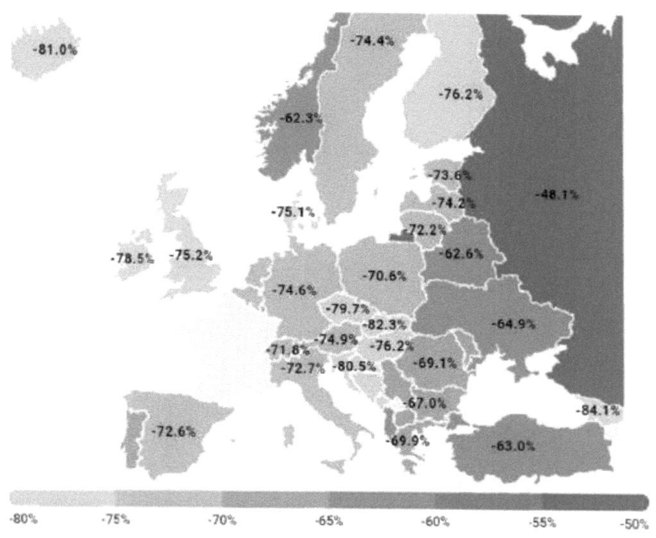

Мы видим, что среднерыночное падение превысило показатель в 70%, так как на протяжении всего 2020 года, начиная с апреля, Европейский Союз ввел запретительные и ограничительные меры на осуществление международных авиаперевозок. В начальный период пандемии с апреля по май 2020 года падение пассажиропотока некоторых аэропортов достигало отметки 95% - 99%, что является рекордным показателем за всю историю гражданской авиации.

Если характеризовать кризис 2020-2021 гг., то он несет глубокое, фундаментальное влияние на рынок. Если сравнивать с кризисом 2008-2009 гг., обусловленного негативным влиянием последствий мирового финансового кризиса, то нынешний рыночный кризис имеет рекордный показатель падения пассажиропотока и крайне негативное влияние на всех прямых и косвенных участников рынка. Прямыми участниками рынка являются: авиакомпании, аэропорты, пассажиры, туристические операторы (как потребители услуг авиакомпаний). Косвенные участники рынка: топливные и сервисные компании (поставщики товаров и услуг для авиакомпаний), а также предприятия на базе аэропортов.

Рисунок-61. *Пассажиропоток в 2020 году, %-ое соотношение по кварталам к данным 2019 г.*

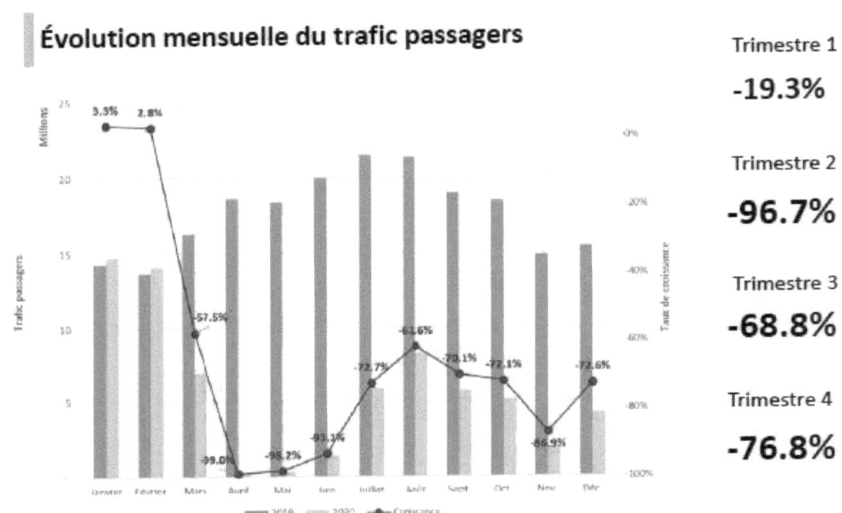

Каково влияние пандемии на региональные аэропорты Франции?

Все региональные аэропорты Франции классифицируются согласно своему географическому месторасположению и отношению к тому или иному региону. Поэтому, общая статистика охватывает все регионы Франции, что позволяет достигать объективной оценки при анализе данных.

Приведем данные падения пассажиропотока во Франции (по регионам) в 2020 году.

Мы видим, что наименьший показатель падения наблюдался на острове Корсика. Это связано с тем, что французское правительство предприняло ряд мер по недопущению прекращения авиасообщения с островом. Французские авиакомпании «Air France» и «Air Corsica» выполняли регулярные рейсы во все корсиканские аэропорты на протяжении 2020 года. Во время послабления ограничительных мер, Иль де ботэ стал одним из центров внутреннего туризма, так как за пределы Франции значительная часть граждан страны не могла выехать. В целом по стране показатель падения составил 62% - 75%, что также является рекордным показателем падения за всю историю французского рынка пассажирских авиаперевозок.

Рисунок-62. *Падение пассажиропотока во Франции (по регионам) в 2020 году, %*

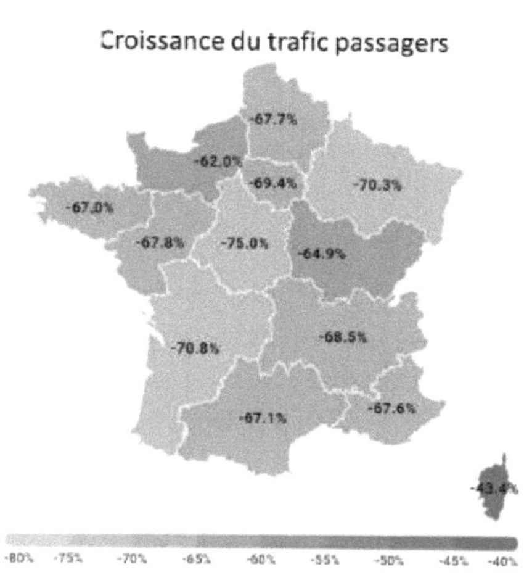

С целью объективной оценки влияния кризиса на рыночную структуру нам необходимо сегментировать трафик на классические и бюджетные авиаперевозки. Пассажиропоток бюджетных авиакомпаний сократился на 70%, а классических на 67,5%.

О чем это свидетельствует?

Рисунок-63. *Падение пассажиропотока (по сегментам) во Франции в 2020 году, %*

	Pax 2019	Pax 2020	% 2020/2019
Trafic low cost	70 666 910	21 213 811	-70.0%
Trafic traditionnel	130 714 537	42 457 490	-67.5%
Trafic total	**201 381 447**	**63 671 301**	**-68.4%**

Как было сказано ранее, Франция в сегменте бюджетных авиаперевозок европейского континента представлена только франко-голландской бюджетной авиакомпанией «Transavia», входящей в структуру холдинга «Air France – KLM». Флот авиакомпании составляют лайнеры «Boeing 737-800», заметно уступающие по уровню комфорта конкурентным моделям марки «Airbus». Средний возраст парка также достаточно высокий, что увеличивает производственные затраты на ремонт и обслуживание воздушных судов.

Ключевую роль на французском рынке пассажирских авиаперевозок играют такие авиакомпании как ирландская «Ryanair», британская «easyJet» и испанская «Volotea».

По причине того, что в 2020 году были введены ограничительные и запретительные меры на осуществление международного авиасообщения, падение пассажиропотока в бюджетном сегменте практически сравнялось с падением пассажиропотока в сегменте классических авиаперевозок.

Клиентами бюджетных авиаперевозчиков являются, преимущественно, самостоятельные туристы.

Как распределяется авиационный трафик? Сколько пассажиров осуществляют внутренние авиа перелеты?

Рисунок-64. *Внутренний пассажиропоток во Франции (по регионам) в 2020 году, %*

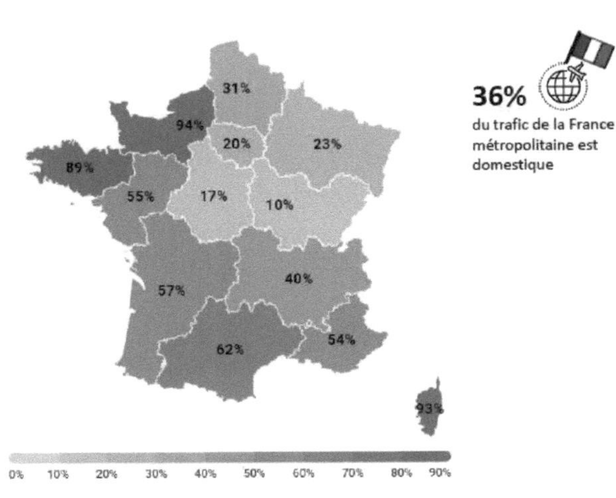

Если мы говорим, в целом, о Франции, то 36% пассажиров осуществляли перелеты по внутренним направлениям, а 64% осуществляли перелеты по международным направлениям (в том числе в страны Европейского Союза). Показатели по стране значительно разнятся. Так, 93% пассажиров, прибывающих и убывающих из корсиканских аэропортов, осуществляли внутренние авиа перелеты. Северная и Северо-Западная часть Франции также имеет высокий показатель внутреннего трафика, но это обусловлено близостью с Парижем и столичными аэропортами. Как правило, жители северных и северо-западных городов и метрополий предпочитают пользоваться услугами столичных аэропортов.

Важно понимать, что при оценке деятельности европейского рынка применяются расширенные статистические показатели. К примеру, российский рынок оценивается по показателю пассажиропотока и грузопотока аэропорта или авиакомпании за определенный период времени (месяц, квартал, год) с процентным соотношением роста или падения за аналогичный период прошлого года, а также пассажиропоток на внутренних и международных направлениях. Европейский рынок оценивается иначе. В структуру оценки входят:

- показатель пассажиропотока аэропорта или авиакомпании (месяц, квартал, год);

- показатель грузопотока аэропорта или авиакомпании (месяц, квартал, год);

- сегментация на внутренние (французские) и международные направления;

- сегментация международных авиаперевозок по направлениям (регионам);

- сегментация на классические и бюджетные авиаперевозки;

- выделение в отдельную группу авиационного транзита.

Приведем показатели пассажиропотока аэропортов Франции за 2019 год (по сравнению с показателями 2018 года) и за 2020 год (по сравнению с показателями 2019 года). Данные материалы были использованы мной при написании научных статей (с публикациями в 2020 и 2021 гг.) в российских журналах и при подготовке материалов для монографии издательства «Lambert Academic Publishing» в 2021 году. Отдельно выделены показатели столичных аэропортов, как фундаментальной основы французского рынка пассажирских авиаперевозок.

Таблица-2. *Пассажиропоток аэропортов Франции по результатам работы за 2019 год.*

Аэропорт	Пассажиропоток, чел.	%, 2019 / 2018 гг.
г. Париж (Шарль де Голь)	**76 150 007**	**+ 5,4**
г. Париж (Орли)	**31 853 049**	**- 3,8**
г. Ницца	14 485 423	+ 4,6
г. Лион	11 739 600	+ 6,4
г. Марсель	10 151 743	+ 8,1
г. Тулуза	9 620 224	- 0,1
г. Базель – Мюлуз	9 094 821	+ 6,0
г. Бордо	7 703 135	+ 13,3
г. Нант	7 227 411	+ 16,6
г. Париж (Бове)	**3 983 250**	**+ 5,2**
г. Лиль	2 189 221	+ 5,3
г. Монпелье	1 935 631	+ 3,0
г. Аяччо (о. Корсика)	1 618 723	- 3,3
г. Бастия (о. Корсика)	1 559 492	+ 2,3
г. Страсбург	1 301 886	+ 0,4
г. Брест	1 236 121	+ 11,9
г. Биариц	1 066 204	- 9,9
г. Ренн	851 976	- 0,6
г. Фигари (о. Корсика)	748 652	- 1,0
г. По	606 003	- 1,1
г. Тулон	507 199	- 11,1
г. Тарб	466 235	+ 0,9
г. Периньян	447 938	-3,3
г. Клермон-Ферран	431 180	+0,1
г. Каркассон	351 982	- 6,2
г. Кальви (о. Корсика)	336 514	+ 0,4
г. Гренобль	307 979	- 13,5
г. Кан	304 769	+ 11,2
г. Лимож	300 840	- 0,2
г. Бержерак	285 182	- 0,4
г. Безье	267 712	+ 14,5
г. Мец	263 619	- 5,4
г. Ля Рошель	233 001	- 3,0
г. Ним	231 031	- 3,0
г. Шамбери	204 573	- 0,1

Таблица-3. *Пассажиропоток аэропортов Франции по результатам работы за 2020 год*

Аэропорт	Пассажиропоток, чел.	%, 2020 / 2019 гг.
г. Париж (Шарль де Голь)	**22 257 469**	**- 70,8**
г. Париж (Орли)	**10 797 105**	**- 66,1**
г. Ницца	4 580 459	- 68,4
г. Лион	3 533 918	- 69,7
г. Марсель	3 359 149	- 66,9
г. Тулуза	3 130 847	- 67,5
г. Базель – Мюлуз	2 597 652	- 71,4
г. Бордо	2 264 368	- 70,6
г. Нант	2 327 718	- 67,8
г. Париж (Бове)	**1 258 180**	**- 68,4**
г. Лиль	734 982	- 66,4
г. Монпелье	805 908	- 58,4
г. Аяччо (о. Корсика)	940 983	- 41,9
г. Бастия (о. Корсика)	812 424	- 47,9
г. Страсбург	513 679	- 60,6
г. Брест	461 936	- 62,6
г. Биариц	383 366	- 64
г. Ренн	256 532	- 69,9
г. Фигари (о. Корсика)	475 507	- 36,5
г. По	184 926	- 69,5
г. Тулон	206 064	- 59,4
г. Тарб	-	-
г. Периньян	189 903	- 57,7
г. Клермон-Ферран	114 941	- 73,3
г. Каркассон	-	-
г. Кальви (о. Корсика)	-	-
г. Гренобль	207 836	- 32,5
г. Кан	162 426	- 46,7
г. Лимож	-	-
г. Бержерак	-	-
г. Безье	-	-
г. Мец	-	-
г. Ля Рошель	-	-
г. Ним	-	-

Итак, мы видим, что за 2019 год французские аэропорты имели неплохие показатели роста. Развивались и увеличивали пассажиропоток те аэропорты, которые расширяли свое сотрудничество с бюджетными авиакомпаниями. Те региональные аэропорты, которые не развивали маршрутную сеть, получили незначительное падение пассажиропотока. Приведем редкие статистические данные о пассажиропотоке бюджетного сегмента во французских аэропортах за период с 2016г. по 2020г.

Рисунок-65. *Пассажиропоток бюджетных авиакомпаний в аэропортах Франции в 2016-2020 гг.*

AÉROPORTS	TRAFIC LOW COST					VARIATION	
	2016	2017	2018	2019	2020	2020/2019	2020/2016
Ajaccio -Napoléon Bonaparte	454 902	546 367	647 553	460 191	37 187	-91.9%	-46.5%
Bâle - Mulhouse	5 034 763	5 277 363	5 826 196	6 287 571	1 847 844	-70.6%	-22.2%
Bastia - Poretta	436 264	502 546	545 783	560 611	249 710	-55.5%	-13.0%
Bergerac Dordogne Périgord	293 530	303 016	284 726	281 515	54 115	-80.8%	-34.5%
Béziers - Cap d'Agde Hérault Occitanie	242 622	231 432	232 129	266 190	55 242	-79.2%	-30.9%
Biarritz-Pays Basque	377 158	450 673	492 541	437 285	114 748	-73.8%	-25.7%
Bordeaux	2 562 204	3 058 389	3 751 042	4 665 146	1 398 601	-70.0%	-14.0%
Brest Bretagne	302 237	298 834	369 501	464 371	167 580	-63.9%	-13.7%
Brive Vallée de la Dordogne	19 189	17 766	17 723	39 656	7 859	-80.2%	-20.0%
Calvi - Sainte-Catherine	41 634	43 002	34 361	33 590	7 388	-78.0%	-35.1%
Carcassonne Sud de France	381 399	391 173	374 150	351 210	75 202	-78.6%	-33.4%
Castres - Mazamet	0	0	0	146	0	-100.0%	... %
Clermont-Ferrand - Auvergne	26 118	41 887	55 811	80 449	20 294	-74.8%	-6.1%
Deauville - Normandie	16 709	17 644	0	0	2 227	... %	-39.6%
Dinard - Pleurtuit - Saint-Malo	105 511	116 943	104 813	94 296	17 574	-81.4%	-36.1%
Dole - Jura	97 736	99 980	98 445	104 458	35 540	-66.0%	-22.3%
Figari - Sud Corse	231 704	310 092	314 426	342 108	215 786	-36.9%	-1.8%
Grenoble Alpes Isère	158 855	179 416	162 152	134 013	118 929	-11.3%	-7.0%
La Rochelle - Ile de Ré	193 453	191 974	194 865	186 995	23 649	-87.4%	-40.9%
Lille - Lesquin	660 625	852 334	977 793	1 050 466	448 397	-57.3%	-9.2%
Limoges	254 985	262 646	262 836	261 324	53 261	-79.6%	-32.4%
Lorient - Bretagne Sud	23 439	37 479	36 022	2 211	0	-100.0%	-100.0%
Lyon-Saint Exupéry	3 098 657	3 762 791	4 258 108	4 717 390	1 455 859	-69.1%	-17.2%
Marseille Provence	2 369 213	2 782 366	2 955 156	3 811 840	1 205 794	-68.4%	-15.5%
Montpellier Méditerranée	577 198	679 148	708 273	751 319	379 413	-49.5%	-10.0%
Nantes Atlantique	2 361 230	2 947 537	3 523 246	4 602 471	1 621 091	-64.8%	-9.0%
Nice Côte d'Azur	5 187 677	5 629 940	6 069 416	6 498 533	1 853 098	-71.5%	-22.7%
Nîmes-Alès-Camargue-Cévennes	210 693	214 481	233 734	227 854	55 815	-75.5%	-28.3%
Paris - Beauvais	3 955 896	3 474 570	3 738 865	3 979 911	1 244 391	-68.7%	-25.1%
Paris-Vatry	74 325	53 772	54 961	57 609	31 572	-45.2%	-19.3%
Pau Pyrénées	0	7 732	6 144	14 613	0	-100.0%	... %
Perpignan - Rivesaltes Méditerranée	107 411	121 072	156 724	150 178	35 753	-76.2%	-24.0%
Poitiers-Biard	66 303	70 433	66 631	66 066	13 212	-80.0%	-33.2%
Rennes - Saint-Jacques	212 331	239 950	249 447	302 645	105 881	-65.0%	-16.0%
Rodez - Aveyron	25 859	26 372	24 137	35 343	2 467	-93.0%	-44.4%
Saint-Etienne Loire	144 177	100 618	0	0	0	... %	-100.0%
Strasbourg	335 962	465 888	549 448	635 379	325 842	-48.7%	-0.8%
Tarbes Lourdes Pyrénées	74 345	113 878	138 032	156 538	30 966	-80.2%	-19.7%
Toulon Hyères	85 196	101 176	93 993	92 957	0	-100.0%	-100.0%
Toulouse - Blagnac	2 600 464	3 799 510	4 068 718	4 175 617	1 305 276	-68.7%	-15.8%
Tours - Val-de-Loire	192 128	181 841	173 862	189 067	47 058	-75.1%	-29.7%
Paris - Orly	11 235 452	12 124 914	13 328 746	12 867 361	4 230 612	-67.1%	-21.7%
Paris-Charles de Gaulle	8 044 331	9 145 272	10 194 697	11 230 417	2 318 578	-79.4%	-26.7%
Total PROVINCE	33 594 102	38 004 031	41 851 763	46 569 132	14 664 621	-68.5%	-18.7%
Total PARIS	19 279 783	21 270 186	23 523 443	24 097 778	6 549 190	-72.8%	-23.7%
Total général	52 873 885	59 274 217	65 375 206	70 666 910	21 213 811	-70.0%	-20.4%

Данные сведения, подготовленные Министерством экономики и финансов Франции, свидетельствуют о том, что бюджетные авиаперевозчики в период с 2016г. до 2020г. активно развивали свое присутствие на базе региональных аэропортов Франции. Их совокупная доля на базе региональных аэропортов значительно превышала показатель пассажиропотока в столичных аэропортах. Отметим, что год от года показатель регионального присутствия возрастал более высокими темпами, чем показатель пассажиропотока столичных аэропортов. Еще раз отметим, что это бюджетный сегмент авиаперевозок.

Итог работы за 2020 год для сегмента бюджетных авиаперевозок: пассажиропоток снизился до отметки ниже показателей 2016 года (2012-2013 г.).

Таким образом, французский рынок откатился назад на 6-8 лет. А период с 2012г. по 2019г. оказался периодом активного развития французских региональных аэропортов. По итогам 2020 года бюджетные авиакомпании на французском рынке сократили пассажиропоток значительней классических авиаперевозчиков.

Что это значит?

Первым этапом посткризисного развития станет борьба за доминирующее положение на рынке. В этом направлении больше преимуществ у бюджетных авиакомпаний, в частности у тех, которые являются эксплуатантами новых воздушных судов (минимизация производственных издержек) и могут предложить своим пассажирам более выгодные тарифы. Приоритет в этом направлении имеет испанская бюджетной авиакомпании «Volotea», которая в 2020 и 2021 годах обновила и увеличила парк воздушных судов до 40 единиц (2019-2021 годов выпуска) и расширила свое присутствие на французском рынке. «Volotea» относительно молодой (с 2011 г.) и динамично развивающийся участник европейского рынка пассажирских авиаперевозок в бюджетном сегменте.

Министерство экономики и финансов Франции подготовило расширенный аналитический доклад, в структуру которого включены особые статистические сведения за период с 2016 по 2020 годы по всем аэропортам Франции. В структуре данного документа имеются данные о пассажиропотоке по направлениям внутренних и международных направлениях, а также транзитном пассажиропотока. Приведем данные в качестве ключевой составляющей проводимого нами исследования.

Рисунок-66.

Часть-1.

Пассажиропоток французских аэропортов в период с 2016г. по 2020г. с классификацией по сегментам.

AÉROPORTS	Passagers payants et non payants des avions commerciaux (passagers locaux + passagers en transit direct comptés une fois)					Taux moyen annuel de variation	
	2016	2017	2018	2019	2020	20/19	20/16
Agen - La Garenne	39 791	37 367	31 371	14 934	2 137	-85.7%	-51.9%
Passagers locaux	39 762	37 367	31 371	14 934	2 137	-85.7%	-51.9%
nationaux	39 762	37 329	31 314	14 698	2 087	-85.8%	-52.1%
internationaux	0	38	57	236	50	-78.8%	///
Schengen	0	4	57	236	50	-78.8%	///
Hors Schengen	0	34	0	0	0	0%	///
Transit	29	0	0	0	0	0%	-100.0%
Ajaccio -Napoléon Bonaparte	1 422 259	1 569 649	1 673 308	1 618 723	940 983	-41.9%	-9.8%
Passagers locaux	1 419 759	1 567 338	1 672 446	1 617 622	939 715	-41.9%	-9.8%
nationaux	1 267 093	1 378 905	1 461 150	1 422 814	882 171	-38.0%	-8.7%
internationaux	152 666	188 433	211 296	194 808	57 544	-70.5%	-21.6%
Schengen	152 666	187 973	210 755	193 577	57 544	-70.3%	-21.6%
Hors Schengen	0	460	541	1 231	0	///	///
Transit	2 500	2 311	862	1 101	1 268	15.2%	-15.6%
Albert-Picardie	355	-	2 470	3 917	1 412	-64.0%	41.2%
Passagers locaux	317	-	2 470	3 917	1 372	-65.0%	44.2%
nationaux	317	-	2 010	2 113	1 015	-52.0%	33.8%
internationaux	0	-	460	1 804	357	-80.2%	///
Schengen	0	-	256	1 390	160	-88.5%	///
Hors Schengen	0	-	204	414	197	-52.4%	///
Transit	38	-	0	0	40	0%	1.3%
Ancenis	834	763	849	1 164	131	-88.7%	-37.0%
Passagers locaux	834	739	843	1 164	131	-88.7%	-37.0%
nationaux	816	725	837	1 161	131	-88.7%	-36.7%
internationaux	18	14	6	3	0	-100.0%	-100.0%
Schengen	18	14	6	3	0	-100.0%	-100.0%
Hors Schengen	0	0	0	0	0	0%	0%
Transit	0	24	6	0	0	0%	///
Angers - Loire	10 816	4 077	3 734	4 957	2 001	-59.6%	-34.4%
Passagers locaux	10 799	4 074	3 718	4 957	2 001	-59.6%	-34.4%
nationaux	4 091	3 530	3 189	4 300	1 871	-56.5%	-17.8%
internationaux	6 708	544	529	657	130	-80.2%	-62.7%
Schengen	498	422	427	506	103	-79.6%	-32.6%
Hors Schengen	6 210	122	102	151	27	-82.1%	-74.3%
Transit	17	3	16	0	0	0%	///
Aurillac	31 051	31 952	32 761	38 188	14 916	-60.9%	-16.7%
Passagers locaux	31 051	31 952	32 761	38 188	14 916	-60.9%	-16.7%
nationaux	30 951	31 952	32 761	38 159	14 911	-60.9%	-16.7%
internationaux	100	0	0	29	5	-82.8%	-52.7%
Schengen	100	0	0	29	5	-82.8%	-52.7%
Hors Schengen	0	0	0	0	0	0%	0%
Transit	0	0	0	0	0	0%	0%
Auxerre - Branches	997	1 571	918	850	887	4.4%	-2.9%
Passagers locaux	997	1 571	918	850	887	4.4%	-2.9%
nationaux	859	1 390	699	741	806	8.8%	-1.6%
internationaux	138	181	219	109	81	-25.7%	-12.5%
Schengen	118	158	219	95	60	-36.8%	-15.6%
Hors Schengen	20	23	0	14	21	50.0%	1.2%
Transit	0	0	0	0	0	0%	0%

Часть-2.

Пассажиропоток французских аэропортов в период с 2016г. по 2020г. с классификацией по сегментам.

AÉROPORTS	Passagers payants et non payants des avions commerciaux (passagers locaux + passagers en transit direct comptés une fois)					Taux moyen annuel de variation	
	2016	2017	2018	2019	2020	20/19	20/16
Avignon Provence	16 549	15 061	15 959	*7 205*	2 068	-71.3%	-40.5%
Passagers locaux	16 549	15 061	15 959	7 092	1 992	-71.9%	-41.1%
nationaux	0	0	14 353	958	954	-0.4%	///
internationaux	16 549	15 061	1 606	6 134	1 038	-83.1%	-50.0%
Schengen	0	0	1 534	1 356	539	-60.3%	///
Hors Schengen	16 549	15 061	72	4 778	499	-89.6%	-38.3%
Transit	0	0	0	113	76	-32.7%	///
Bâle - Mulhouse	7 309 740	7 884 023	8 581 970	9 094 821	2 597 652	-71.4%	-22.8%
Passagers locaux	7 291 337	7 873 604	8 573 694	9 087 253	2 596 704	-71.4%	-22.7%
nationaux	517 401	796 793	821 251	864 628	279 974	-67.6%	-14.2%
internationaux	6 773 936	7 076 811	7 752 443	8 222 625	2 316 730	-71.8%	-23.5%
Schengen	3 344 651	4 670 262	4 931 247	5 299 505	1 319 026	-75.1%	-20.8%
Hors Schengen	3 429 285	2 406 549	2 821 196	2 923 120	997 704	-65.9%	-26.6%
Transit	18 403	10 419	8 276	7 568	948	-87.5%	-52.4%
Bastia - Poretta	1 287 609	1 400 197	1 525 152	1 559 492	812 424	-47.9%	-10.9%
Passagers locaux	1 286 545	1 399 032	1 523 839	1 558 388	810 961	-48.0%	-10.9%
nationaux	1 093 204	1 163 698	1 236 812	1 283 631	755 077	-41.2%	-8.8%
internationaux	193 341	235 334	287 027	274 757	55 884	-79.7%	-26.7%
Schengen	165 057	205 891	239 721	231 104	53 305	-76.9%	-24.6%
Hors Schengen	28 284	29 443	47 306	43 653	2 579	-94.1%	-45.0%
Transit	1 064	1 165	1 313	1 104	1 463	32.5%	8.3%
Bergerac Dordogne Périgord	305 323	315 410	286 456	285 182	55 044	-80.7%	-34.8%
Passagers locaux	305 323	315 410	286 456	285 182	55 044	-80.7%	-34.8%
nationaux	2 045	1 592	1 730	1 419	430	-69.7%	-32.3%
internationaux	303 278	313 818	284 726	283 763	54 614	-80.8%	-34.9%
Schengen	61 523	64 034	65 264	67 702	19 578	-71.1%	-24.9%
Hors Schengen	241 755	249 784	219 462	216 061	35 036	-83.8%	-38.3%
Transit	0	0	0	0	0	0%	0%
Béziers - Cap d'Agde Hérault Occitani	242 132	233 252	233 843	267 712	55 444	-79.3%	-30.8%
Passagers locaux	242 129	233 242	233 843	267 712	55 444	-79.3%	-30.8%
nationaux	54 786	50 597	61 648	60 459	11 562	-80.9%	-32.2%
internationaux	187 343	182 645	172 195	207 253	43 882	-78.8%	-30.4%
Schengen	54 789	48 875	33 458	66 542	22 085	-66.8%	-20.3%
Hors Schengen	132 554	133 770	138 737	140 711	21 797	-84.5%	-36.3%
Transit	3	10	0	0	0	0%	///
Biarritz-Pays Basque	1 135 525	1 190 991	1 183 635	1 066 204	383 366	-64.0%	-23.8%
Passagers locaux	1 134 849	1 190 900	1 183 412	1 065 835	382 947	-64.1%	-23.8%
nationaux	862 355	885 185	890 013	809 005	325 264	-59.8%	-21.6%
internationaux	272 494	305 715	293 399	256 830	57 683	-77.5%	-32.2%
Schengen	94 431	151 821	142 050	118 438	33 915	-71.4%	-22.6%
Hors Schengen	178 063	153 894	151 349	138 392	23 768	-82.8%	-39.6%
Transit	676	91	223	369	419	13.6%	-11.3%
Bordeaux	5 779 569	6 223 414	6 799 572	7 703 108	2 264 368	-70.6%	-20.9%
Passagers locaux	5 759 537	6 203 824	6 779 884	7 679 398	2 253 406	-70.7%	-20.9%
nationaux	3 014 996	3 023 476	2 955 556	3 073 417	1 171 044	-61.9%	-21.1%
internationaux	2 744 541	3 180 348	3 824 328	4 605 981	1 082 362	-76.5%	-20.8%
Schengen	1 753 409	2 109 128	2 594 449	3 129 498	772 589	-75.3%	-18.5%
Hors Schengen	991 132	1 071 220	1 229 879	1 476 483	309 773	-79.0%	-25.2%
Transit	20 032	19 590	19 688	23 710	10 962	-53.8%	-14.0%

Часть-3.

Пассажиропоток французских аэропортов в период с 2016г. по 2020г. с классификацией по сегментам.

AÉROPORTS	Passagers payants et non payants des avions commerciaux (passagers locaux + passagers en transit direct comptés une fois)					Taux moyen annuel de variation	
	2016	2017	2018	2019	2020	20/19	20/16
Brest Bretagne	1 011 651	1 046 581	1 104 694	1 236 121	461 936	-62.6%	-17.8%
Passagers locaux	997 984	1 024 435	1 079 192	1 208 037	460 149	-61.9%	-17.6%
nationaux	912 535	933 421	980 289	1 033 423	435 223	-57.9%	-16.9%
internationaux	85 449	91 014	98 903	174 614	24 926	-85.7%	-26.5%
Schengen	85 449	86 421	84 492	139 542	23 288	-83.3%	-27.7%
Hors Schengen	0	4 593	14 411	35 072	1 638	-95.3%	///
Transit	13 667	22 146	25 502	28 084	1 787	-93.6%	-39.9%
Brive Vallée de la Dordogne	66 870	66 394	69 965	93 940	25 253	-73.1%	-21.6%
Passagers locaux	66 717	66 146	69 923	93 916	25 221	-73.1%	-21.6%
nationaux	45 372	46 310	49 935	51 853	16 924	-67.4%	-21.9%
internationaux	21 345	19 836	19 988	42 063	8 297	-80.3%	-21.0%
Schengen	1 997	1 652	1 371	24 986	5 233	-79.1%	27.2%
Hors Schengen	19 348	18 184	18 617	17 077	3 064	-82.1%	-36.9%
Transit	153	248	42	24	32	33.3%	-32.4%
Caen	139 016	180 912	274 011	304 769	162 426	-46.7%	4.0%
Passagers locaux	138 384	180 846	273 928	304 685	162 331	-46.7%	4.1%
nationaux	123 826	166 405	258 453	282 746	160 307	-43.3%	6.7%
internationaux	14 558	14 441	15 475	21 939	2 024	-90.8%	-38.9%
Schengen	702	853	812	4 353	128	-97.1%	-34.7%
Hors Schengen	13 856	13 588	14 663	17 586	1 896	-89.2%	-39.2%
Transit	632	66	83	84	95	13.1%	-37.7%
Calvi - Sainte-Catherine	321 509	325 475	335 289	336 514	185 300	-44.9%	-12.9%
Passagers locaux	321 366	325 475	335 289	335 452	179 125	-46.6%	-13.6%
nationaux	253 209	257 821	270 420	268 970	163 540	-39.2%	-10.4%
internationaux	68 157	67 654	64 869	66 482	15 585	-76.6%	-30.8%
Schengen	61 266	61 332	58 984	58 522	15 345	-73.8%	-29.3%
Hors Schengen	6 891	6 322	5 885	7 960	240	-97.0%	-56.8%
Transit	143	0	0	1 062	6 175	481.5%	156.3%
Cannes - Mandelieu	7 615	8 610	7 071	7 548	6 246	-17.2%	-4.8%
Passagers locaux	7 615	8 610	7 071	7 548	6 246	-17.2%	-4.8%
nationaux	1 223	1 269	1 278	1 137	1 176	3.4%	-1.0%
internationaux	6 392	7 341	5 793	6 411	5 070	-20.9%	-5.6%
Schengen	3 352	4 044	3 548	4 304	3 788	-12.0%	3.1%
Hors Schengen	3 040	3 297	2 245	2 107	1 282	-39.2%	-19.4%
Transit	0	0	0	0	0	0%	0%
Carcassonne Sud de France	392 147	398 716	375 400	351 982	75 631	-78.5%	-33.7%
Passagers locaux	392 027	398 716	375 400	351 982	75 631	-78.5%	-33.7%
nationaux	257	353	661	447	440	-1.6%	14.4%
internationaux	391 770	398 363	374 739	351 535	75 191	-78.6%	-33.8%
Schengen	133 202	134 941	127 569	132 751	30 681	-76.9%	-30.7%
Hors Schengen	258 568	263 422	247 170	218 784	44 510	-79.7%	-35.6%
Transit	120	0	0	0	0	0%	-100.0%
Castres - Mazamet	42 344	46 151	45 047	50 139	17 036	-66.0%	-20.4%
Passagers locaux	41 909	45 665	44 688	49 993	17 036	-65.9%	-20.2%
nationaux	41 909	45 574	44 650	49 922	16 994	-66.0%	-20.2%
internationaux	0	91	38	71	42	-40.8%	///
Schengen	0	91	38	71	42	-40.8%	///
Hors Schengen	0	0	0	0	0	0%	0%
Transit	435	486	359	146	0	///	///

Часть-4.

Пассажиропоток французских аэропортов в период с 2016г. по 2020г. с классификацией по сегментам.

AÉROPORTS	Passagers payants et non payants des avions commerciaux (passagers locaux + passagers en transit direct comptés une fois)					Taux moyen annuel de variation	
	2016	2017	2018	2019	2020	20/19	20/16
Chambéry - Savoie Mont Blanc	212 018	186 376	204 858	204 573	105 524	-48.4%	-16.0%
Passagers locaux	211 945	186 376	204 858	204 573	105 524	-48.4%	-16.0%
nationaux	3 572	3 456	3 610	3 575	2 523	-29.4%	-8.3%
internationaux	208 373	182 920	201 248	200 998	103 001	-48.8%	-16.2%
Schengen	19 204	20 057	18 598	19 927	5 208	-73.9%	-27.8%
Hors Schengen	189 169	162 863	182 650	181 071	97 793	-46.0%	-15.2%
Transit	73	0	0	0	0	0%	///
Châteauroux - Centre	5 411	8 179	8 472	5 568	728	-86.9%	-39.4%
Passagers locaux	5 411	8 179	8 472	5 447	622	-88.6%	-41.8%
nationaux	4 222	4 810	5 199	2 364	565	-76.1%	-39.5%
internationaux	1 189	3 369	3 273	3 083	57	-98.2%	-53.2%
Schengen	1 189	3 369	3 273	3 083	57	-98.2%	-53.2%
Hors Schengen	0	0	0	0	0	0%	0%
Transit	0	0	0	121	106	-12.4%	///
Cherbourg - Maupertus	-	-	-	4 756	721	-84.8%	///
Passagers locaux	-	-	-	4 756	721	-84.8%	///
nationaux	-	-	-	1 509	682	-54.8%	///
internationaux	-	-	-	3 247	39	-98.8%	///
Schengen	-	-	-	2 976	19	-99.4%	///
Hors Schengen	-	-	-	271	20	-92.6%	///
Transit	-	-	-	0	0	0%	///
Clermont-Ferrand - Auvergne	400 421	396 323	430 696	431 180	114 941	-73.3%	-26.8%
Passagers locaux	398 039	391 443	421 303	426 360	114 870	-73.1%	-26.7%
nationaux	320 414	301 222	298 930	291 634	87 964	-69.8%	-27.6%
internationaux	77 625	90 221	122 373	134 726	26 906	-80.0%	-23.3%
Schengen	63 436	72 171	101 756	120 751	25 206	-79.1%	-20.6%
Hors Schengen	14 189	18 050	20 617	13 975	1 700	-87.8%	-41.2%
Transit	2 382	4 880	9 393	4 820	71	-98.5%	-58.4%
Colmar - Houssen	1 210	1 578	2 169	1 630	1 404	-13.9%	3.8%
Passagers locaux	1 210	1 578	2 169	1 630	1 404	-13.9%	3.8%
nationaux	153	905	1 370	293	1 164	297.3%	66.1%
internationaux	1 057	673	799	1 337	240	-82.0%	-31.0%
Schengen	904	576	726	1 337	218	-83.7%	-29.9%
Hors Schengen	153	97	73	0	22	0%	-38.4%
Transit	0	0	0	0	0	0%	0%
Deauville - Normandie	139 900	163 626	147 370	134 621	11 964	-91.1%	-45.9%
Passagers locaux	128 331	142 722	125 436	110 422	9 380	-91.5%	-48.0%
nationaux	3 290	4 264	4 241	532	616	15.8%	-34.2%
internationaux	125 041	138 458	121 195	109 890	8 764	-92.0%	-48.5%
Schengen	92 374	108 943	104 019	90 859	7 881	-91.3%	-46.0%
Hors Schengen	32 667	29 515	17 176	19 031	883	-95.4%	-59.5%
Transit	11 569	20 904	21 934	24 199	2 584	-89.3%	-31.3%
Dinard - Pleurtuit - Saint-Malo	110 455	121 690	108 103	95 814	18 572	-80.6%	-36.0%
Passagers locaux	110 455	121 690	108 103	95 814	18 572	-80.6%	-36.0%
nationaux	1 302	567	807	526	479	-8.9%	-22.1%
internationaux	109 153	121 123	107 296	95 288	18 093	-81.0%	-36.2%
Schengen	568	655	215	394	151	-61.7%	-28.2%
Hors Schengen	108 585	120 468	107 081	94 894	17 942	-81.1%	-36.2%
Transit	0	0	0	0	0	0%	0%

Часть-5.

Пассажиропоток французских аэропортов в период с 2016г. по 2020г. с классификацией по сегментам.

AÉROPORTS	Passagers payants et non payants des avions commerciaux (passagers locaux + passagers en transit direct comptés une fois)					Taux moyen annuel de variation	
	2016	2017	2018	2019	2020	20/19	20/16
EDEIS DOLE JURA	104 732	107 046	107 459	111 161	38 331	-65.5%	-22.2%
Passagers locaux	104 453	106 738	107 087	110 752	38 331	-65.4%	-22.2%
nationaux	3 055	3 815	3 840	3 172	2 791	-12.0%	-2.2%
internationaux	101 398	102 923	103 247	107 580	35 540	-67.0%	-23.1%
Schengen	48 436	49 746	49 255	49 321	19 866	-59.7%	-20.0%
Hors Schengen	52 962	53 177	53 992	58 259	15 674	-73.1%	-26.2%
Transit	279	308	372	409	0	-100.0%	-100.0%
Epinal - Mirecourt	2 012	1 781	2 304	236	189	-19.9%	-44.6%
Passagers locaux	2 012	1 781	2 304	224	189	-15.6%	-44.6%
nationaux	1 466	1 527	1 575	99	140	41.4%	-44.4%
internationaux	546	254	729	125	49	-60.8%	-45.3%
Schengen	268	30	386	92	42	-54.3%	-37.1%
Hors Schengen	278	224	343	33	7	-78.8%	-60.2%
Transit	0	0	0	12	0	-100.0%	///
Figari - Sud Corse	639 916	730 707	756 454	748 652	475 507	-36.5%	-7.2%
Passagers locaux	639 720	730 479	755 585	748 652	469 741	-37.3%	-7.4%
nationaux	539 511	613 299	643 365	639 160	435 622	-31.8%	-5.2%
internationaux	100 209	117 180	112 220	109 492	34 119	-68.8%	-23.6%
Schengen	99 931	116 909	112 008	109 239	34 059	-68.8%	-23.6%
Hors Schengen	278	271	212	253	60	-76.3%	-31.8%
Transit	196	228	869	0	5 766	///	132.9%
Grenoble Alpes Isère	304 700	345 128	356 214	307 979	207 836	-32.5%	-9.1%
Passagers locaux	303 973	344 896	355 690	307 979	207 836	-32.5%	-9.1%
nationaux	1 892	1 627	1 461	3 521	2 389	-32.1%	6.0%
internationaux	302 081	343 269	354 229	304 458	205 447	-32.5%	-9.2%
Schengen	281 561	315 162	329 555	285 872	30 559	-89.3%	-42.6%
Hors Schengen	20 520	28 107	24 674	18 586	174 888	841.0%	70.9%
Transit	727	232	524	0	0	0%	-100.0%
La Roche sur Yon - René Couzinet	1 799	207	291	208	206	-1.0%	-41.8%
Passagers locaux	1 799	207	291	208	206	-1.0%	-41.8%
nationaux	1 753	173	233	139	88	-36.7%	-52.7%
internationaux	46	34	58	69	118	71.0%	26.6%
Schengen	0	34	58	69	60	-13.0%	///
Hors Schengen	46	0	0	0	58	0%	6.0%
Transit	0	0	0	0	0	0%	0%
La Rochelle - Ile de Ré	221 195	221 453	240 154	233 001	32 203	-86.2%	-38.2%
Passagers locaux	221 195	221 410	240 154	233 001	32 203	-86.2%	-38.2%
nationaux	20 108	23 058	49 152	44 513	9 793	-78.0%	-16.5%
internationaux	201 087	198 352	191 002	188 488	22 410	-88.1%	-42.2%
Schengen	56 247	54 094	73 031	52 805	7 917	-85.0%	-38.7%
Hors Schengen	144 840	144 258	117 971	135 683	14 493	-89.3%	-43.8%
Transit	0	43	0	0	0	0%	///
Lannion - Côte de Granit Rose	29 101	21 329	2 835	-	364	0%	-66.6%
Passagers locaux	29 101	21 329	2 835	-	364	0%	-66.6%
nationaux	29 026	21 294	2 704	-	364	0%	-66.5%
internationaux	75	35	131	-	0	0%	-100.0%
Schengen	75	35	131	-	0	0%	-100.0%
Hors Schengen	0	0	0	-	0	0%	0%
Transit	0	0	0	-	0	0%	0%

Часть-6.

Пассажиропоток французских аэропортов в период 2016-2020 гг. с классификацией по сегментам.

AÉROPORTS	Passagers payants et non payants des avions commerciaux (passagers locaux + passagers en transit direct comptés une fois)					Taux moyen annuel de variation	
	2016	2017	2018	2019	2020	20/19	20/16
Laval - Entrammes	1 228	593	390	280	325	16.1%	-28.3%
Passagers locaux	1 228	593	390	280	325	16.1%	-28.3%
nationaux	914	480	261	178	279	56.7%	-25.7%
internationaux	314	113	129	102	46	-54.9%	-38.1%
Schengen	85	76	86	68	46	-32.4%	-14.2%
Hors Schengen	229	37	43	34	0	-100.0%	-100.0%
Transit	0	0	0	0	0	0%	0%
Le Castellet	1 941	1 870	2 417	2 384	1 187	-50.2%	-11.6%
Passagers locaux	1 941	1 870	2 417	2 384	1 187	-50.2%	-11.6%
nationaux	620	824	1 208	1 506	486	-67.7%	-5.9%
internationaux	1 321	1 046	1 209	878	701	-20.2%	-14.6%
Schengen	255	1 046	1 025	834	701	-15.9%	28.8%
Hors Schengen	1 066	0	184	44	0	-100.0%	-100.0%
Transit	0	0	0	0	0	0%	0%
Le Havre - Octeville	11 063	13 205	6 491	7 179	1 433	-80.0%	-40.0%
Passagers locaux	11 063	13 205	6 491	7 179	1 433	-80.0%	-40.0%
nationaux	1 587	2 213	2 754	2 163	1 433	-33.7%	-2.5%
internationaux	9 476	10 992	3 737	5 016	0	-100.0%	-100.0%
Schengen	8 233	9 801	3 737	4 756	0	-100.0%	-100.0%
Hors Schengen	1 243	1 191	0	260	0	-100.0%	-100.0%
Transit	0	0	0	0	0	0%	0%
Le Mans - Arnage	7 131	6 509	7 425	6 181	469	-92.4%	-49.4%
Passagers locaux	7 131	6 509	7 425	6 181	469	-92.4%	-49.4%
nationaux	4 980	4 994	5 962	4 846	246	-94.9%	-52.9%
internationaux	2 151	1 515	1 463	1 335	223	-83.3%	-43.3%
Schengen	1 699	1 109	1 212	1 034	154	-85.1%	-45.1%
Hors Schengen	452	406	251	301	69	-77.1%	-37.5%
Transit	0	0	0	0	0	0%	0%
Le Puy-en-Velay - Loudes	7 571	6 693	6 773	5 768	1 300	-77.5%	-35.6%
Passagers locaux	7 571	6 693	6 773	5 768	1 300	-77.5%	-35.6%
nationaux	7 571	6 693	6 771	5 765	1 292	-77.6%	-35.7%
internationaux	0	0	2	3	8	166.7%	///
Schengen	0	0	2	3	8	166.7%	///
Hors Schengen	0	0	0	0	0	0%	0%
Transit	0	0	0	0	0	0%	0%
Le Touquet - Côte d'Opale	1 673	1 689	917	657	438	-33.3%	-28.5%
Passagers locaux	1 636	1 646	890	550	434	-21.1%	-28.2%
nationaux	212	219	292	116	231	99.1%	2.2%
internationaux	1 424	1 427	598	434	203	-53.2%	-38.6%
Schengen	194	139	105	108	63	-41.7%	-24.5%
Hors Schengen	1 230	1 288	493	326	140	-57.1%	-41.9%
Transit	37	43	27	107	4	-96.3%	-42.7%
Lille - Lesquin	1 776 715	1 905 608	2 078 549	2 189 221	734 982	-66.4%	-19.8%
Passagers locaux	1 682 698	1 892 171	2 045 029	2 183 891	734 076	-66.4%	-18.7%
nationaux	1 044 588	1 161 998	1 302 097	1 371 225	593 384	-56.7%	-13.2%
internationaux	638 110	730 173	742 932	812 666	140 692	-82.7%	-31.5%
Schengen	331 726	476 893	448 722	570 368	66 530	-88.3%	-33.1%
Hors Schengen	306 384	253 280	294 210	242 298	74 162	-69.4%	-29.9%
Transit	94 017	13 437	33 520	5 330	906	-83.0%	-68.7%

Часть-7.

Пассажиропоток французских аэропортов в период с 2016г. по 2020г. с классификацией по сегментам.

AÉROPORTS	Passagers payants et non payants des avions commerciaux (passagers locaux + passagers en transit direct comptés une fois)					Taux moyen annuel de variation	
	2016	2017	2018	2019	2020	20/19	20/16
Limoges	291 564	309 641	301 493	300 840	63 727	-78.8%	-31.6%
Passagers locaux	290 707	308 667	301 179	299 699	63 106	-78.9%	-31.7%
nationaux	30 184	27 313	30 625	33 714	9 480	-71.9%	-25.1%
internationaux	260 523	281 354	270 554	265 985	53 626	-79.8%	-32.6%
Schengen	5 538	5 113	7 718	4 661	365	-92.2%	-49.3%
Hors Schengen	254 985	276 241	262 836	261 324	53 261	-79.6%	-32.4%
Transit	857	974	314	1 141	621	-45.6%	-7.7%
Lorient - Bretagne Sud	127 836	129 695	123 933	102 586	25 604	-75.0%	-33.1%
Passagers locaux	127 632	129 605	123 897	102 546	25 604	-75.0%	-33.1%
nationaux	102 142	90 073	85 749	98 301	24 263	-75.3%	-30.2%
internationaux	25 490	39 532	38 148	4 245	1 341	-68.4%	-52.1%
Schengen	23 930	24 820	36 496	2 586	276	-89.3%	-67.2%
Hors Schengen	1 560	14 712	1 652	1 659	1 065	-35.8%	-9.1%
Transit	204	90	36	40	0	-100.0%	-100.0%
Lyon - Bron**	12 993	6 972	6 806	12 192	6 771	-44.5%	-15.0%
Passagers locaux	12 993	6 972	6 806	11 805	6 663	-43.6%	-15.4%
nationaux	8 661	4 127	3 967	7 184	4 583	-36.2%	-14.7%
internationaux	4 332	2 845	2 839	4 621	2 080	-55.0%	-16.8%
Schengen	4 332	2 845	1 579	4 621	1 237	-73.2%	-26.9%
Hors Schengen	0	0	1 260	0	843	///	///
Transit	0	0	0	387	108	-72.1%	///
Lyon-Saint Exupéry	9 553 250	10 280 192	11 037 413	11 739 640	3 553 918	-69.7%	-21.9%
Passagers locaux	9 498 718	10 231 398	10 978 760	11 691 564	3 542 357	-69.7%	-21.9%
nationaux	3 146 938	3 344 759	3 572 210	3 795 850	1 482 637	-60.9%	-17.2%
internationaux	6 351 780	6 886 639	7 406 550	7 895 714	2 059 720	-73.9%	-24.5%
Schengen	3 720 242	3 906 614	4 113 287	4 297 588	1 053 632	-75.5%	-27.0%
Hors Schengen	2 631 538	2 980 025	3 293 263	3 598 126	1 006 088	-72.0%	-21.4%
Transit	54 532	48 794	58 653	48 076	11 561	-76.0%	-32.1%
Marseille Provence	8 474 341	9 002 086	9 390 371	10 151 743	3 359 149	-66.9%	-20.7%
Passagers locaux	8 395 678	8 921 869	9 329 043	10 122 706	3 344 652	-67.0%	-20.6%
nationaux	3 475 694	3 560 634	3 642 630	3 805 216	1 701 781	-55.3%	-16.4%
internationaux	4 919 984	5 361 235	5 686 413	6 317 490	1 642 871	-74.0%	-24.0%
Schengen	2 414 052	2 660 371	2 856 923	3 209 924	884 278	-72.5%	-22.2%
Hors Schengen	2 505 932	2 700 864	2 829 490	3 107 566	758 593	-75.6%	-25.8%
Transit	78 663	80 217	61 328	29 037	14 497	-50.1%	-34.5%
Megève	4 660	4 670	4 266	4 240	2 203	-48.0%	-17.1%
Passagers locaux	4 660	4 670	4 266	4 240	2 203	-48.0%	-17.1%
nationaux	4 660	4 670	4 266	4 240	2 203	-48.0%	-17.1%
internationaux	0	0	0	0	0	0%	0%
Schengen	0	0	0	0	0	0%	0%
Hors Schengen	0	0	0	0	0	0%	0%
Transit	0	0	0	0	0	0%	0%
Metz-Nancy-Lorraine	229 278	244 883	278 626	263 619	38 535	-85.4%	-36.0%
Passagers locaux	225 413	234 936	258 198	243 030	38 311	-84.2%	-35.8%
nationaux	89 532	97 106	98 318	106 502	22 181	-79.2%	-29.4%
internationaux	135 881	137 830	159 880	136 528	16 130	-88.2%	-41.3%
Schengen	65 625	62 218	62 313	41 924	636	-98.5%	-68.6%
Hors Schengen	70 256	75 612	97 567	94 604	15 494	-83.6%	-31.5%
Transit	3 865	9 947	20 428	20 589	224	-98.9%	-50.9%

Часть-8.

Пассажиропоток французских аэропортов в период с 2016г. по 2020г. с классификацией по сегментам.

AÉROPORTS	Passagers payants et non payants des avions commerciaux (passagers locaux + passagers en transit direct comptés une fois)					Taux moyen annuel de variation	
	2016	2017	2018	2019	2020	20/19	20/16
Montpellier Méditerranée	1 671 086	1 849 572	1 879 963	1 935 631	805 907	-58.4%	-16.7%
Passagers locaux	1 669 023	1 847 456	1 878 035	1 934 460	805 216	-58.4%	-16.7%
nationaux	1 052 459	1 185 890	1 237 030	1 276 485	583 407	-54.3%	-13.7%
internationaux	616 564	661 566	641 005	657 975	221 809	-66.3%	-22.6%
Schengen	263 221	274 692	262 848	192 557	92 666	-51.9%	-23.0%
Hors Schengen	353 343	386 874	378 157	465 418	129 143	-72.3%	-22.2%
Transit	2 063	2 116	1 928	1 171	691	-41.0%	-23.9%
Nancy - Essey	2 185	2 271	1 695	1 952	1 706	-12.6%	-6.0%
Passagers locaux	2 185	2 271	1 695	1 952	1 706	-12.6%	-6.0%
nationaux	2 092	2 157	1 610	1 820	1 584	-13.0%	-6.7%
internationaux	93	114	85	132	122	-7.6%	7.0%
Schengen	93	114	85	132	122	-7.6%	7.0%
Hors Schengen	0	0	0	0	0	0%	0%
Transit	0	0	0	0	0	0%	0%
Nantes Atlantique	4 778 967	5 489 087	6 199 181	7 227 411	2 327 718	-67.8%	-16.5%
Passagers locaux	4 712 383	5 432 874	6 144 072	7 190 862	2 319 142	-67.7%	-16.2%
nationaux	2 243 658	2 444 221	2 662 014	2 851 722	1 264 429	-55.7%	-13.4%
internationaux	2 468 725	2 988 653	3 482 058	4 339 140	1 054 713	-75.7%	-19.2%
Schengen	1 796 366	2 194 604	2 479 258	2 999 634	712 220	-76.3%	-20.6%
Hors Schengen	672 359	794 049	1 002 800	1 339 506	342 493	-74.4%	-15.5%
Transit	66 584	56 213	55 109	36 549	8 576	-76.5%	-40.1%
Nevers - Fourchambault	858	669	1 602	213	92	-56.8%	-42.8%
Passagers locaux	858	669	1 602	213	92	-56.8%	-42.8%
nationaux	708	580	1 175	180	63	-65.0%	-45.4%
internationaux	150	89	427	33	29	-12.1%	-33.7%
Schengen	102	89	427	33	29	-12.1%	-27.0%
Hors Schengen	48	0	0	0	0	0%	-100.0%
Transit	0	0	0	0	0	0%	0%
Nice Côte d'Azur	12 427 427	13 304 782	13 850 561	14 485 423	4 580 459	-68.4%	-22.1%
Passagers locaux	12 424 503	13 300 905	13 836 210	14 468 813	4 574 851	-68.4%	-22.1%
nationaux	4 494 206	4 701 037	4 825 999	5 027 464	2 468 972	-50.9%	-13.9%
internationaux	7 930 297	8 599 868	9 010 211	9 441 349	2 105 879	-77.7%	-28.2%
Schengen	4 826 395	5 255 823	5 374 778	5 672 056	1 356 432	-76.1%	-27.2%
Hors Schengen	3 103 902	3 344 045	3 635 433	3 769 293	749 447	-80.1%	-29.9%
Transit	2 924	3 877	14 351	16 610	5 608	-66.2%	17.7%
Nîmes-Alès-Camargue-Cévennes	213 005	216 341	236 631	231 031	57 824	-75.0%	-27.8%
Passagers locaux	213 000	216 332	236 587	230 852	57 655	-75.0%	-27.9%
nationaux	636	855	1 779	2 528	1 605	-36.5%	26.0%
internationaux	212 364	215 477	234 808	228 324	56 050	-75.5%	-28.3%
Schengen	84 976	84 272	88 836	93 120	32 185	-65.4%	-21.6%
Hors Schengen	127 388	131 205	145 972	135 204	23 865	-82.3%	-34.2%
Transit	5	9	44	179	169	-5.6%	141.1%
Orléans - Saint-Denis-de-l'Hôtel	956	1 665	1 380	1 602	835	-47.9%	-3.3%
Passagers locaux	956	1 665	1 380	1 602	835	-47.9%	-3.3%
nationaux	615	1 411	1 065	1 068	600	-43.8%	-0.6%
internationaux	341	254	315	534	235	-56.0%	-8.9%
Schengen	171	129	189	309	171	-44.7%	0.0%
Hors Schengen	170	125	126	225	64	-71.6%	-21.7%
Transit	0	0	0	0	0	0%	0%

Часть-9.

Пассажиропоток французских аэропортов в период с 2016г. по 2020г. с классификацией по сегментам.

AÉROPORTS	Passagers payants et non payants des avions commerciaux (passagers locaux + passagers en transit direct comptés une fois)					Taux moyen annuel de variation	
	2016	2017	2018	2019	2020	20/19	20/16
Ouessant	3 134	3 352	3 114	3 304	2 265	-31.4%	-7.8%
Passagers locaux	3 134	3 352	3 114	3 304	2 265	-31.4%	-7.8%
nationaux	3 134	3 352	3 114	3 304	2 265	-31.4%	-7.8%
internationaux	0	0	0	0	0	0%	0%
Schengen	0	0	0	0	0	0%	0%
Hors Schengen	0	0	0	0	0	0%	0%
Transit	0	0	0	0	0	0%	0%
Paris - Beauvais	3 997 856	3 647 522	3 787 086	3 983 250	1 258 180	-68.4%	-25.1%
Passagers locaux	3 997 678	3 646 523	3 785 745	3 982 464	1 258 030	-68.4%	-25.1%
nationaux	81 797	88 715	91 634	87 513	25 634	-70.7%	-25.2%
internationaux	3 915 881	3 557 808	3 694 111	3 894 951	1 232 396	-68.4%	-25.1%
Schengen	2 966 271	2 498 973	2 527 274	2 692 795	808 885	-70.0%	-27.7%
Hors Schengen	949 610	1 058 835	1 166 837	1 202 156	423 511	-64.8%	-18.3%
Transit	178	999	1 341	786	150	-80.9%	-4.2%
Paris-Vatry	132 972	108 845	61 222	80 644	36 975	-54.2%	-27.4%
Passagers locaux	132 842	108 207	61 048	80 636	36 975	-54.1%	-27.4%
nationaux	19 674	4 147	2 666	2 845	1 685	-40.8%	-45.9%
internationaux	113 168	104 060	58 382	77 791	35 290	-54.6%	-25.3%
Schengen	39 476	37 098	39 286	52 921	25 228	-52.3%	-10.6%
Hors Schengen	73 692	66 962	19 096	24 870	10 062	-59.5%	-39.2%
Transit	130	638	174	8	0	-100.0%	-100.0%
Pau Pyrénées	608 222	600 075	612 580	606 003	184 926	-69.5%	-25.7%
Passagers locaux	607 242	599 318	611 503	605 205	184 837	-69.5%	-25.7%
nationaux	587 874	576 668	588 915	580 872	181 080	-68.8%	-25.5%
internationaux	19 368	22 650	22 588	24 333	3 757	-84.6%	-33.6%
Schengen	3 172	2 479	2 712	4 927	2 521	-48.8%	-5.6%
Hors Schengen	16 196	20 171	19 876	19 406	1 236	-93.6%	-47.4%
Transit	980	757	1 077	798	89	-88.8%	-45.1%
Périgueux - Bassillac	6 122	5 315	2 949	189	177	-6.3%	-58.8%
Passagers locaux	6 049	5 153	2 651	183	177	-3.3%	-58.6%
nationaux	5 965	5 098	2 599	129	166	28.7%	-59.2%
internationaux	84	55	52	54	11	-79.6%	-39.8%
Schengen	84	55	52	47	11	-76.6%	-39.8%
Hors Schengen	0	0	0	7	0	-100.0%	///
Transit	73	162	298	6	0	-100.0%	-100.0%
Perpignan - Rivesaltes Méditerranée	377 214	410 323	463 235	447 938	189 303	-57.7%	-15.8%
Passagers locaux	377 214	410 323	463 235	447 938	189 303	-57.7%	-15.8%
nationaux	236 239	249 818	268 448	263 197	149 693	-43.1%	-10.8%
internationaux	140 975	160 505	194 787	184 741	39 610	-78.6%	-27.2%
Schengen	48 893	62 550	52 747	48 856	18 986	-61.1%	-21.1%
Hors Schengen	92 082	97 955	142 040	135 885	20 624	-84.8%	-31.2%
Transit	0	0	0	0	0	0%	0%
Poitiers-Biard	108 845	117 317	119 424	114 134	27 415	-76.0%	-29.2%
Passagers locaux	88 975	94 937	94 508	92 579	21 045	-77.3%	-30.3%
nationaux	21 863	23 784	26 937	26 192	7 764	-70.4%	-22.8%
internationaux	67 112	71 153	67 571	66 387	13 281	-80.0%	-33.3%
Schengen	1 243	3 526	3 341	2 388	722	-69.8%	-12.7%
Hors Schengen	65 869	67 627	64 230	63 999	12 559	-80.4%	-33.9%
Transit	19 870	22 380	24 916	21 555	6 370	-70.4%	-24.8%

Часть-10.

Пассажиропоток французских аэропортов в период с 2016г. по 2020г. с классификацией по сегментам.

AÉROPORTS	Passagers payants et non payants des avions commerciaux (passagers locaux + passagers en transit direct comptés une fois)					Taux moyen annuel de variation	
	2016	2017	2018	2019	2020	20/19	20/16
Quimper Bretagne	86 452	80 766	79 307	57 707	7 284	-87.4%	-46.1%
Passagers locaux	86 452	80 766	79 307	57 707	7 284	-87.4%	-46.1%
nationaux	79 431	74 042	72 633	51 843	7 284	-85.9%	-45.0%
internationaux	7 021	6 724	6 674	5 864	0	///	///
Schengen	0	0	0	0	0	0%	0%
Hors Schengen	7 021	6 724	6 674	5 864	0	///	///
Transit	0	0	0	0	0	0%	0%
Rennes - Saint-Jacques	640 768	724 566	856 791	851 976	256 532	-69.9%	-20.5%
Passagers locaux	640 075	720 831	847 122	848 665	256 261	-69.8%	-20.5%
nationaux	422 514	443 766	575 032	606 650	216 911	-64.2%	-15.4%
internationaux	217 561	277 065	272 090	242 015	39 350	-83.7%	-34.8%
Schengen	128 981	174 667	194 351	171 170	31 747	-81.5%	-29.6%
Hors Schengen	88 580	102 398	77 739	70 845	7 603	-89.3%	-45.9%
Transit	693	3 735	9 669	3 311	271	-91.8%	-20.9%
Rodez - Aveyron	70 069	78 364	80 549	86 812	16 218	-81.3%	-30.6%
Passagers locaux	70 063	78 338	80 549	86 812	16 218	-81.3%	-30.6%
nationaux	43 983	49 708	52 870	50 717	13 751	-72.9%	-25.2%
internationaux	26 080	28 630	27 679	36 095	2 467	-93.2%	-44.5%
Schengen	26 053	27 712	19 943	18 567	2 011	-89.2%	-47.3%
Hors Schengen	27	918	7 736	17 528	456	-97.4%	102.7%
Transit	6	26	0	0	0	0%	-100.0%
Rouen - Vallée de Seine	1 621	5 129	17 615	15 578	1 029	-93.4%	-10.7%
Passagers locaux	1 421	5 129	17 615	15 578	1 029	-93.4%	-7.8%
nationaux	933	4 601	16 743	14 732	500	-96.6%	-14.4%
internationaux	488	528	872	846	529	-37.5%	2.0%
Schengen	488	528	872	846	529	-37.5%	2.0%
Hors Schengen	0	0	0	0	0	0%	0%
Transit	200	0	0	0	0	0%	///
Saint-Brieuc - Armor	3 388	4 212	3 797	3 896	2 170	-44.3%	-10.5%
Passagers locaux	3 387	4 193	3 793	3 896	2 170	-44.3%	-10.5%
nationaux	3 130	3 909	3 526	3 604	1 984	-45.0%	-10.8%
internationaux	257	284	267	292	186	-36.3%	-7.8%
Schengen	172	190	173	195	144	-26.2%	-4.3%
Hors Schengen	85	94	94	97	42	-56.7%	-16.2%
Transit	1	19	4	0	0	0%	-100.0%
Saint-Etienne Loire	147 802	104 167	3 937	5 400	3 375	-37.5%	-61.1%
Passagers locaux	147 802	104 167	3 937	5 400	3 375	-37.5%	-61.1%
nationaux	3 625	3 549	3 937	5 400	3 375	-37.5%	-1.8%
internationaux	144 177	100 618	0	0	0	0%	-100.0%
Schengen	140 552	100 618	0	0	0	0%	-100.0%
Hors Schengen	3 625	0	0	0	0	0%	-100.0%
Transit	0	0	0	0	0	0%	0%
Saint-Nazaire - Montoir	24 316	22 242	21 177	18 100	4 208	-76.8%	-35.5%
Passagers locaux	24 311	22 242	21 177	18 100	4 208	-76.8%	-35.5%
nationaux	23 882	22 064	21 126	18 025	4 207	-76.7%	-35.2%
internationaux	429	178	51	75	1	-98.7%	-78.0%
Schengen	319	160	27	50	0	-100.0%	-100.0%
Hors Schengen	110	18	24	25	1	-96.0%	-69.1%
Transit	5	0	0	0	0	0%	-100.0%

Часть-11.

Пассажиропоток французских аэропортов в период с 2016г. по 2020г. с классификацией по сегментам.

AÉROPORTS	Passagers payants et non payants des avions commerciaux (passagers locaux + passagers en transit direct comptés une fois)					Taux moyen annuel de variation	
	2016	2017	2018	2019	2020	20/19	20/16
Saint-Tropez - La Mole	3 849	4 228	4 276	4 015	3 059	-23.8%	-5.6%
Passagers locaux	3 849	4 228	4 276	4 015	3 059	-23.8%	-5.6%
nationaux	1 906	2 293	2 310	1 903	1 095	-42.5%	-12.9%
internationaux	1 943	1 935	1 966	2 112	1 964	-7.0%	0.3%
Schengen	1 622	1 726	1 704	1 823	1 581	-13.3%	-0.6%
Hors Schengen	321	209	262	289	383	32.5%	4.5%
Transit	0	0	0	0	0	0%	0%
Strasbourg	1 071 440	1 207 291	1 297 177	*1 302 373*	513 679	-60.6%	-16.8%
Passagers locaux	1 064 272	1 192 049	1 275 967	1 283 814	511 746	-60.1%	-16.7%
nationaux	758 801	826 342	865 382	867 340	423 704	-51.1%	-13.6%
internationaux	305 471	365 707	410 585	416 474	88 042	-78.9%	-26.7%
Schengen	196 510	217 560	238 823	217 092	36 738	-83.1%	-34.2%
Hors Schengen	108 961	148 147	171 762	199 382	51 304	-74.3%	-17.2%
Transit	7 168	15 242	21 210	18 559	1 933	-89.6%	-27.9%
Tarbes Lourdes Pyrénées	381 549	434 619	462 072	466 325	77 514	-83.4%	-32.9%
Passagers locaux	381 549	434 619	462 072	466 325	77 514	-83.4%	-32.9%
nationaux	112 834	140 727	144 031	136 047	39 899	-70.7%	-22.9%
internationaux	268 715	293 892	318 041	330 278	37 615	-88.6%	-38.8%
Schengen	154 678	180 616	200 690	201 873	24 782	-87.7%	-36.7%
Hors Schengen	114 037	113 276	117 351	128 405	12 833	-90.0%	-42.1%
Transit	0	0	0	0	0	0%	0%
Toulon Hyères	500 046	504 170	570 140	507 199	206 064	-59.4%	-19.9%
Passagers locaux	499 936	504 069	568 875	507 054	206 063	-59.4%	-19.9%
nationaux	433 556	427 760	485 828	430 707	187 062	-56.6%	-19.0%
internationaux	66 380	76 309	83 047	76 347	19 001	-75.1%	-26.9%
Schengen	53 143	56 038	73 387	70 041	17 260	-75.4%	-24.5%
Hors Schengen	13 237	20 271	9 660	6 306	1 741	-72.4%	-39.8%
Transit	110	101	1 265	145	1	-99.3%	-69.1%
Toulouse - Blagnac	8 081 179	9 264 611	9 630 308	9 620 224	3 130 847	-67.5%	-21.1%
Passagers locaux	8 048 412	9 214 110	9 571 543	9 597 311	3 124 663	-67.4%	-21.1%
nationaux	4 567 049	4 699 751	4 734 961	4 855 394	1 928 894	-60.3%	-19.4%
internationaux	3 481 363	4 514 359	4 836 582	4 741 917	1 195 769	-74.8%	-23.4%
Schengen	2 167 837	2 912 187	3 148 615	3 060 236	751 297	-75.4%	-23.3%
Hors Schengen	1 313 526	1 602 172	1 687 967	1 681 681	444 472	-73.6%	-23.7%
Transit	32 767	50 501	58 765	22 913	6 184	-73.0%	-34.1%
Tours - Val-de-Loire	198 897	190 417	181 424	197 109	49 387	-74.9%	-29.4%
Passagers locaux	198 866	189 515	180 657	196 363	49 335	-74.9%	-29.4%
nationaux	24 727	25 089	26 674	37 189	7 328	-80.3%	-26.2%
internationaux	174 139	164 426	153 983	159 174	42 007	-73.6%	-29.9%
Schengen	56 065	57 143	50 431	53 769	23 367	-56.5%	-19.7%
Hors Schengen	118 074	107 283	103 552	105 405	18 640	-82.3%	-37.0%
Transit	31	902	767	746	52	-93.0%	13.8%
Troyes en Champagne - Barberey	1 342	-	96	1 113	866	-22.2%	-10.4%
Passagers locaux	1 342	-	96	1 113	866	-22.2%	-10.4%
nationaux	1 342	-	96	899	723	-19.6%	-14.3%
internationaux	0	-	0	214	143	-33.2%	///
Schengen	0	-	0	141	89	-36.9%	///
Hors Schengen	0	-	0	73	54	-26.0%	///
Transit	0	-	0	0	0	0%	0%

Часть-12.

Пассажиропоток французских аэропортов в период с 2016г. по 2020г. с классификацией по сегментам.

AÉROPORTS	Passagers payants et non payants des avions commerciaux (passagers locaux + passagers en transit direct comptés une fois)					Taux moyen annuel de variation	
	2016	2017	2018	2019	2020	20/19	20/16
Valence - Chabeuil	**1 247**	**1 854**	**1 812**	**1 966**	**1 234**	-37.2%	-0.3%
Passagers locaux	1 244	1 854	1 812	1 966	1 227	-37.6%	-0.3%
nationaux	413	1 457	524	1 214	756	-37.7%	16.3%
internationaux	831	397	1 288	752	471	-37.4%	-13.2%
Schengen	796	343	1 288	752	471	-37.4%	-12.3%
Hors Schengen	35	54	0	0	0	0%	-100.0%
Transit	3	0	0	0	7	0%	23.6%
Valenciennes - Denain	**1 390**	**1 198**	**1 551**	**1 493**	**924**	-38.1%	-9.7%
Passagers locaux	1 387	1 198	1 551	1 493	924	-38.1%	-9.7%
nationaux	1 387	1 198	1 551	1 419	924	-34.9%	-9.7%
internationaux	0	0	0	74	0	///	///
Schengen	0	0	0	74	0	///	///
Hors Schengen	0	0	0	0	0	0%	0%
Transit	3	0	0	0	0	0%	///
Vannes - Golfe du Morbihan	**665**	**783**	**1 083**	**883**	**1 065**	20.6%	12.5%
Passagers locaux	665	783	1 083	883	1 065	20.6%	12.5%
nationaux	491	579	719	745	909	22.0%	16.6%
internationaux	174	204	364	138	156	13.0%	-2.7%
Schengen	174	204	364	138	156	13.0%	-2.7%
Hors Schengen	0	0	0	0	0	0%	0%
Transit	0	0	0	0	0	0%	0%
Sous total autres aéroports de région	**4 895**	**3 750**	**3 302**	**4 118**	**2 335**	-43.3%	-16.9%
Passagers locaux	4 866	3 749	3 301	4 118	2 328	-43.5%	-16.8%
nationaux	4 459	3 056	2 655	2 953	1 931	-34.6%	-18.9%
internationaux	407	693	646	1 165	397	-65.9%	-0.6%
Schengen	382	684	604	1 009	392	-61.1%	0.6%
Hors Schengen	25	9	42	156	5	-96.8%	-33.1%
Transit	29	1	1	0	7	///	-29.9%
Total régions	**77 787 580**	**83 589 798**	**88 633 761**	**93 378 391**	**30 616 764**	-67.2%	-20.8%
Passagers locaux	77 348 444	83 195 464	88 179 074	93 057 422	30 526 943	-67.2%	-20.7%
nationaux	32 350 437	34 130 069	35 618 189	36 705 944	16 161 744	-56.0%	-15.9%
internationaux	44 998 007	49 065 395	52 560 885	56 351 478	14 365 199	-74.5%	-24.8%
Schengen	26 111 567	29 765 522	31 585 578	33 907 261	8 437 375	-75.1%	-24.6%
Hors Schengen	18 886 440	19 299 873	20 975 307	22 444 217	5 927 824	-73.6%	-25.2%
Transit	439 136	394 334	454 687	320 969	89 821	-72.0%	-32.7%
Paris - Orly	**31 237 865**	**32 042 475**	**33 120 685**	**31 853 049**	**10 797 105**	-66.1%	-23.3%
Passagers locaux	31 236 702	32 040 498	33 117 920	31 851 766	10 796 585	-66.1%	-23.3%
nationaux	10 885 566	10 796 556	10 426 426	9 891 588	3 548 922	-64.1%	-24.4%
internationaux	20 351 136	21 243 942	22 691 494	21 960 178	7 247 663	-67.0%	-22.7%
Schengen	10 485 806	10 742 778	11 450 990	10 864 474	3 358 537	-69.1%	-24.8%
Hors Schengen	9 865 330	10 501 164	11 240 504	11 095 704	3 889 126	-64.9%	-20.8%
Transit	1 163	1 977	2 765	1 283	520	-59.5%	-18.2%
Paris - Charles de Gaulle	**65 933 145**	**69 471 442**	**72 229 723**	**76 150 007**	**22 257 469**	-70.8%	-23.8%
Passagers locaux	65 864 885	69 421 631	72 195 847	76 116 255	22 246 632	-70.8%	-23.8%
nationaux	5 480 263	5 724 404	5 812 353	6 293 171	3 192 083	-49.3%	-12.6%
internationaux	60 384 622	63 697 227	66 383 494	69 823 084	19 054 549	-72.7%	-25.1%
Schengen	22 704 932	23 855 417	24 709 513	25 885 532	7 095 162	-72.6%	-25.2%
Hors Schengen	37 679 690	39 841 810	41 673 981	43 937 552	11 959 387	-72.8%	-24.9%
Transit	68 260	49 811	33 876	33 752	10 837	-67.9%	-36.9%

На основании анализа представленных данных мы можем заключить:

1. Каждый региональный аэропорт Франции имеет свою структурную особенность и свое влияние на рынок;
2. Аэропорты Париж - Шарль де Голь и Париж - Орли оказывают наибольшее влияние на рынок пассажирских авиаперевозок;
3. В случае роста и развития сегмента бюджетных авиаперевозок (по аналогии 2016-2019 гг.) усилится роль и влияние региональных аэропортов на рыночную структуру;
4. Франции, с целью усиления позиций на рынке, необходимо развивать направление бюджетных авиаперевозок, расширять парк воздушных судов и маршрутную сеть «Transavia» или создать нового, более эффективного национального бюджетного авиаперевозчика.

Данные о пассажиропотоке всех аэропортов Франции могут представлять определенную ценность для участников рынка пассажирских авиаперевозок из России и стран СНГ. Единственная российская бюджетная авиакомпания «Победа» активно развивает свою маршрутную сеть в Восточной и Центральной Европе. Но во Францию данная авиакомпания рейсов не выполняет.

Рисунок-67. *Маршрутная сеть российской бюджетной авиакомпании «Победа», начало 2020 г.*

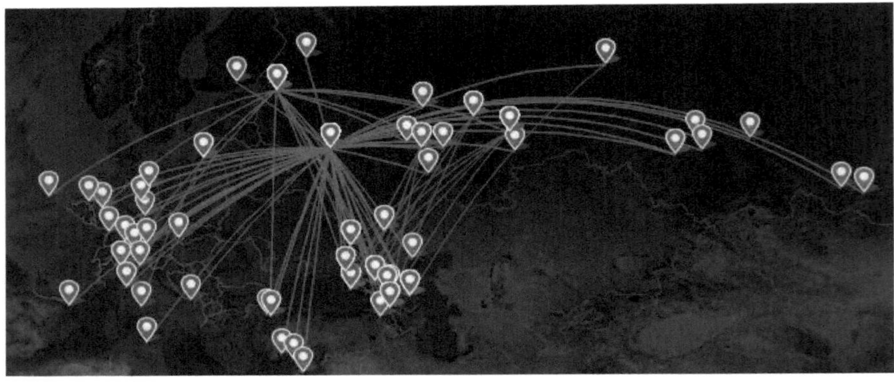

Казахстанская бюджетная авиакомпания «Fly Arystan» активно развивается на внутреннем и региональном рынке, но в Европу рейсов не выполняет. Бюджетные авиакомпании «Победа» и «Flya Arystan» могут стать перспективными партнерами французских региональных аэропортов.

Азербайджанская бюджетная авиакомпания «Buta Airways» активно развивает маршрутную сеть на территории СНГ, но в Европу рейсов также не выполняет. «Buta Airways» может стать еще одним перспективным партнером французских региональных аэропортов, наравне с чартерными авиакомпаниями из России и стран бывшего СССР.

Рисунок-68. *Маршрутная сеть азербайджанской бюджетной авиакомпании «Buta Airways» на начало 2022 г.*

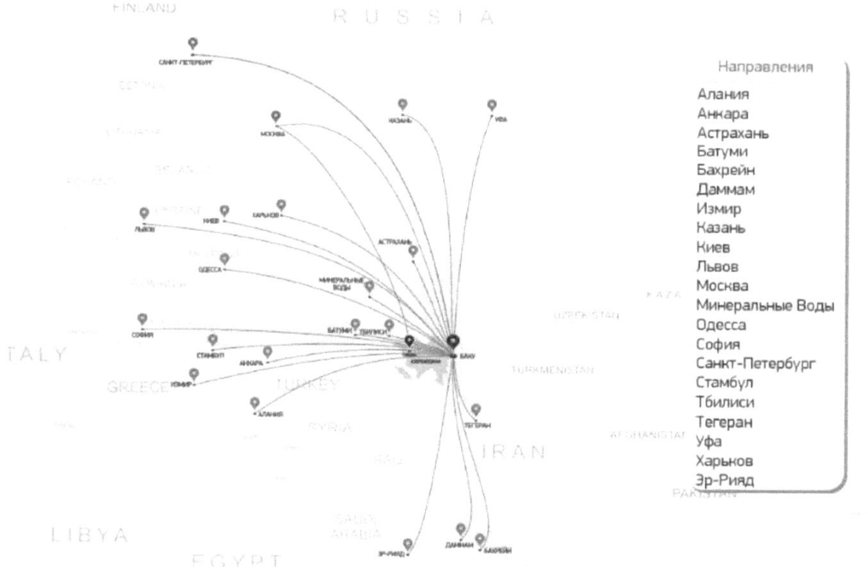

Я постарался максимально доступно и информативно оценить роль и влияние французских региональных аэропортов на структуру рынка пассажирских авиаперевозок Франции. Но для исчерпывающей оценки влияния пандемии COVID-19 необходимо дождаться полного возобновления регулярного и чартерного международного авиасообщения. По оценкам экспертов это возможно не ранее конца 2022 – начала 2023 гг.

Глава-4. Французские луокост-аэропорты как феномен рынка.

Лоукост-аэропорт – это уникальный рыночный феномен, сложившийся на рынке пассажирских авиаперевозок Франции с развитием сегмента бюджетных авиаперевозок. Именно об этом мы поговорим в рамках данной главы.

Что такое лоукст-аэропорт?

Это региональный аэропорт, осуществляющий сотрудничество только с бюджетными авиакомпаниями. То есть исключительно бюджетные авиакомпании выполняют регулярные рейсы из лоукост-аэропорта. При этом лоукост-аэропорт может быт монобрендовым (работать только с одной авиакомпанией) или мультибрендовый (работать с двумя или несколькими бюджетными авиакомпаниями).

Чем примечательны лоукост-аэропорты?

Лоукост-аэропорт интересен с точки зрения рыночного феномена. Это относительно новая тенденция французского рынка и до открытия региональных направлений бюджетных авиакомпаний французские лоукост-аэропорты были частными региональными аэродромами, на которых базировались региональные аэроклубы и размещались частные воздушные суда французских граждан.

Что послужило основанием для разработки и реализации проекта лоукост-аэропорта достоверно неизвестно. Автор этой концепции, наверное, навсегда бы вошел в историю развития гражданской авиации, но лоукост-аэропорты имеют место быть на рынке авиаперевозок, и не исключен вариант появления аналогичных аэропортов в других странах Европы и мира.

На территории Франции расположены два лоукост-аэропорта в регионах Окситания и Пиренеи Восточные с удаленностью друг от друга до 100 км. Это аэропорты Безье и Каркасон. Крупнейшим аэропортом региона является аэропорт Монпелье. Данный аэропорт обслуживает рейсы, как бюджетных, так и классических авиакомпаний. А лоукост-аэропорты Безье, Каркасон обслуживают рейсы только бюджетных авиакомпаний «Ryanair» и «Volotea». Ещё один аэропорт данного региона - Перпиньян обслуживает рейсы «Air France» и европейских бюджетных авиакомпаний.

Разумным может быть вопрос: зачем создавать еще два аэропорта, когда есть один региональный аэропорт Монпелье, имеющий технические возможности для увеличения пассажиропотока, а также региональный аэропорт Перпиньян?

Рисунок-69. *Региональные аэропорты Франции: Безье, Каркасон, Перпиньян, Монпелье*

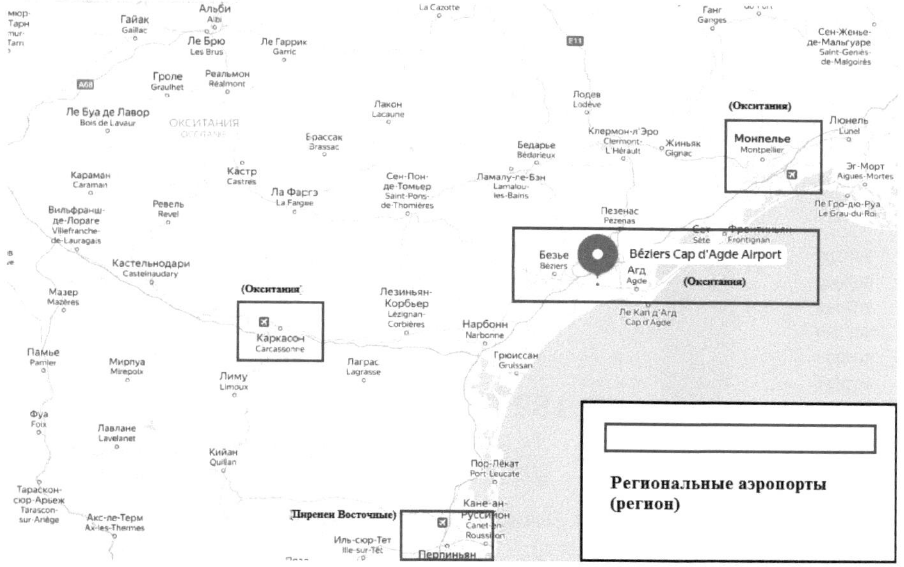

Ответом на этот вопрос может послужить один из базовых законов экономики, который гласит, что развитие конкуренции на рынке является одним из ключевых факторов роста и развития.

Безусловно, создание лоукост-аэропорта подразумевает определенные риски, но данная бизнес модель имеет, как свои плюсы, так и свои минусу. Если это монобрендовый аэропорт, то зависимость от одной авиакомпании может послужить крайне негативным фактором в случае возникновения непредвиденных обстоятельств. При этом если лоукост-аэропорт имеет годовой пассажиропоток 250-500 тыс. пассажиров, то затраты на содержание и обслуживание аэропорта несравнимы с классическими региональными аэропортами. Лоукост-аэропорты для обслуживания суточного пассажиропотока от 800 до 1,5 тыс. пассажиров не нуждаются в усилиях сотен специалистов, а это, в свою очередь, отражается на стоимости обслуживания пассажиров и воздушных судов авиакомпаний.

Рисунок-70. *Пассажиропоток аэропортов за 2019 год, пасс.*

Рисунок-71. *Пассажиропоток аэропортов за 2020 год, пасс.*

Рисунок-72. *Падение пассажиропотока по итогам 2020 года, %*

Для сравнения я взял данные пассажиропотока двух лоукост-аэропортов и двух региональных аэропортов за 2019 год, за 2020 год и вывел процентное соотношение падения пассажиропотока по итогам деятельности за 2020 год.

Мы видим, что у лоукост-аэропортов за 2020 год было снижение пассажиропотока больше, чем у классических региональных аэропортов. Но, как мы знаем, это было обусловлено введением временных запретительных и ограничительных мер на осуществление международного авиасообщения.

Аэропорт Безье обслуживает только 1 внутренний рейс (в г. Париж), а Каркасон и вовсе не имеет внутреннего сообщения в структуре маршрутной сети.

Рассмотрим маршрутную сеть по состоянию на январь 2021 года.

Рисунок-73. *Аэропорт г. Безье (монобрендовый лоукост аэропорт), маршрутная сеть по состоянию на январь 2021 года*

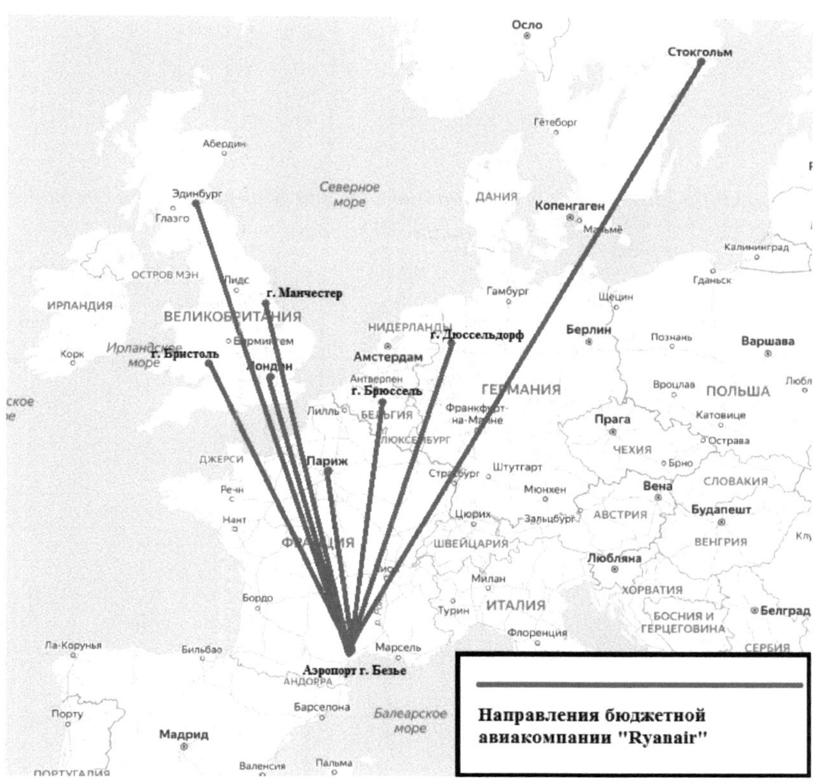

Рисунок-74. *Аэропорт г. Каркасон (мультибрендовый лоукост аэропорт), маршрутная сеть по состоянию на январь 2021 года*

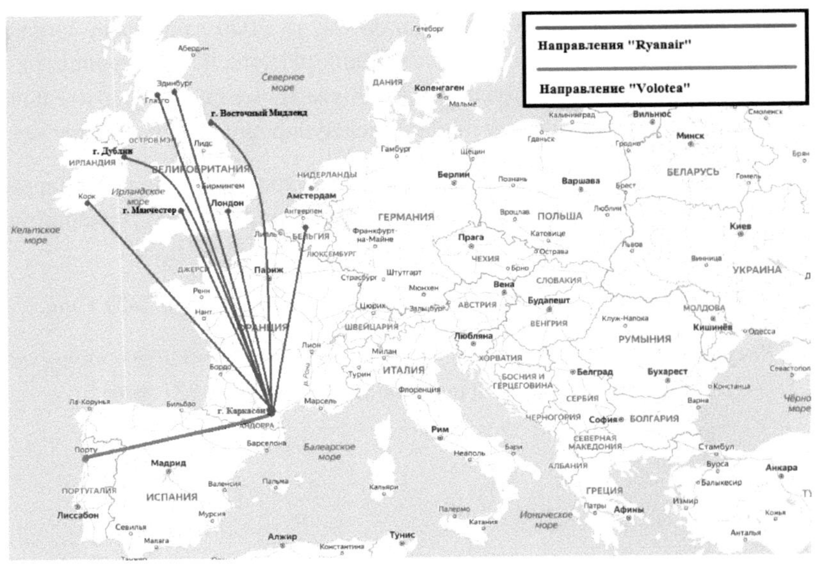

Рисунок-75. *Аэропорт г. Перпиньян, маршрутная сеть по состоянию на январь 2021 года*

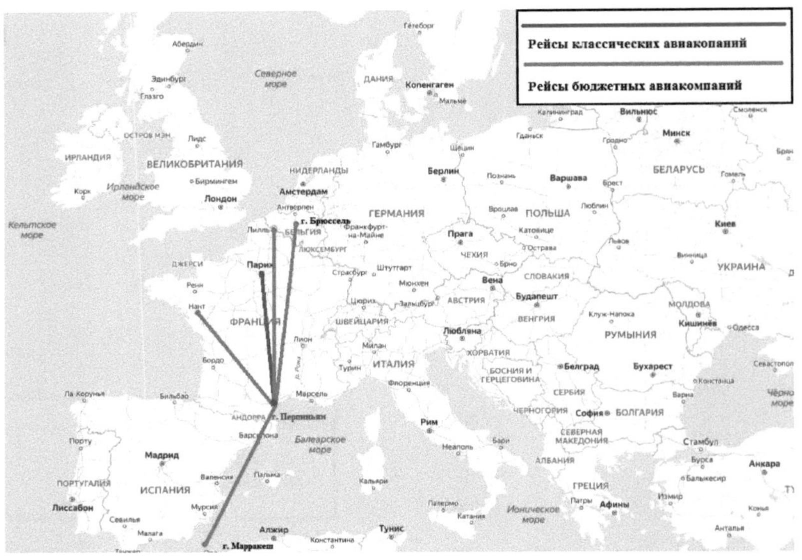

Рисунок-76. *Аэропорт г. Монпелье, маршрутная сеть по состоянию на январь 2021 года*

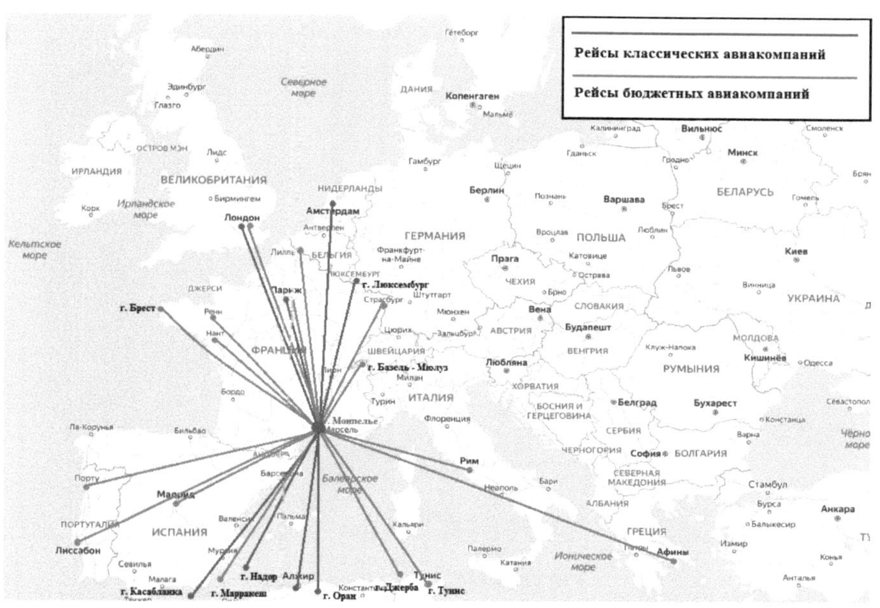

Безье и Каркасон имеют развитую маршрутную сеть, в том числе в Великобританию, которая вышла из состава Европейского Союза, поэтому в условиях запрета на выполнение международного авиасообщения данные лоукост-аэропорты понесли значительное сокращение пассажиропотока. Перпиньян, при смешанной маршрутной сети, обслуживает внутренние рейсы, поэтому падение его пассажиропотока было на уровне среднерыночного показателя. Монпелье является крупнейшим региональным аэропортом, который обслуживает рейсы бюджетных и классических авиакомпаний, имеет развитую маршрутную сеть.

В случае полного снятия запретительных и ограничительных мер усиление бюджетных авиакомпаний на рынке может начаться с распространения практики создания лоукост-аэропортов. Не исключено, что лоукост-аэропорты будут являться дочерними структурами бюджетных авиакомпаний. Также высока вероятность распространения практики создания лоукост-аэропортов в странах Восточной Европы и бывшего СССР. Если говорить о Европе, то создание новых лоукост-аэропортов - это перспектива «завтрашнего дня», то на постсоветском пространстве данная практика будет применена только тогда, когда доля бюджетных авиаперевозок в структуре рынка достигнет отметки в 30% - 50%.

Рисунок-77. *Аэропорт г. Монпелье*

Рисунок-78. *Аэропорт г. Безье*

У французских лоукост-аэропортов ничем не примечательная архитектура. Терминалы, по своему внешнему виду, напоминают автовокзальные комплексы небольших европейских городов, в которых единовременно могут пребывать 200-250 человек.

Рисунок-79. Аэропорт г. Перпиньян

Рисунок-80. Аэропорт г. Каркасон

Однако по функционалу лоукост-аэропорты ничем не уступают классическим аэропортам и оказывают весь спектр услуг пассажирам и авиакомпаниям. Не исключено, что французский опыт создания лоукост-аэропортов может быть успешно применен при развитии авиасообщения северных районов в Российской Федерации Может быть сама концепция лоукост-аэропортов, получая широкое распространение, окажет существенное положительное влияние на развитие авиасообщения в городах и регионах с неразвитым авиасообщением? В любом случае, французский феномен создания лоукост-аэропортов - это еще один шаг в развитии сегмента бюджетных авиаперевозок в структуре рынка пассажирских авиаперевозок.

Глава-5. Туризм во Франции.

Данное издание носит название «Туризм и рынок авиаперевозок Франции», но о туризме мы поговорим в заключительной главе. На основании анализа, изложенного в предыдущих главах, мы можем заключить, что:

1. Рынок авиаперевозок играет важную роль в развитии французской системы туризма, а бюджетные авиаперевозчики являются ключевым драйвером роста и развития рынка;
2. Франция имеет развитую сеть региональных аэропортов, а некоторые региональные аэропорты являются хабами (базовыми аэропортами) для бюджетных авиакомпаний;
3. Ключевыми аэропортами являются столичные аэропорты Шарль де Голь и Орли; именно они обслуживают основной поток иностранных туристов;
4. Региональные аэропорты также развивают международную маршрутную сеть, но региональную (в рамках Европы и Северной Африки);
5. Франко-голландская бюджетная авиакомпания «Transavia» не имеет существенного влияния на рыночную структуру, основной пассажиропоток на французском рынке обслуживают ирландская, британская и испанские бюджетные авиаперевозчики.

Необходимо отметить, что внутренний туризм (в рамках Европы) имеет традиционно высокий уровень формирования и до 2020 года развивался достаточно высокими темпами. Условно, ***внутренний европейский туризм*** можно разделить на несколько групп:

1. Организованные автобусные туры (как правило, этот сегмент популярен у школьников и пенсионеров);
2. Путешествия на частном автомобильном транспорте (это направление популярно у жителей, граничащих с Францией стран, пребывающих семьями во Францию);
3. Путешествия на автомобильных домах - компанкарах (собственных или взятых в аренду), этот сегмент популярен у жителей Западной Европы;

4. Самостоятельные путешествия железнодорожным транспортном, а также на вело- и мото-туры; эти направления не столь популярны, но существуют во внутреннем туризме;
5. Самостоятельные путешествия, используя авиационный транспорт.

Необходимо также отметить, что туристы, пребывающие во Францию из стран Европы авиационным транспортом, часто пользуются арендой автомобилей. Организации, оказывающие подобного рода услуги, расположены практически во всех региональных аэропортах Франции. Еще важно учитывать, что туристы, пребывающие воздушными судами, достаточно часто пользуются услугами такси. Таким образом, еще две важные сервисные отрасли французской экономики получают клиентов из числа самостоятельных путешественников.

Рисунок-81. *Автодром на кемпинге во Франции*

Отметим, что на базе Терминала-1 и Терминала-2 в аэропорту города Ницца на Лазурном берегу Франции существуют специализированные стоянки такси, а также 6 компаний, оказывающих услуги по краткосрочной аренде автомобилей, еще более 20 организаций расположены в г. Ницца и г. Канны.

Следует отметить, что самостоятельные европейские туристы достаточно рациональны в планировании своего путешествия. Они заранее приобретают авиабилеты (как правило, на рейсы бюджетных авиакомпаний), детально планируют программу пребывания, резервируя все основные мероприятия и услуги через интернет (что экономит время и денежные средства), чтобы уложиться в минимальный бюджет.

Главное отличие европейских туристов (французских, испанских, итальянских, немецких и прибалтийских), от американских и британских в том, что последние располагают более солидным бюджетом и более требовательны к уровню и качеству сервиса.

К примеру, во Франции отели класса «5 звезд» в 2020-2021 гг. понесли наибольшие потери от влияния пандемии.

Почему?

Потому что до пандемии около 70% клиентов приходилось на граждан Великобритании, США и Китая, около 10% составляли туристы из стран Ближнего Востока и 20% туристы из Европы и других зарубежных стран.

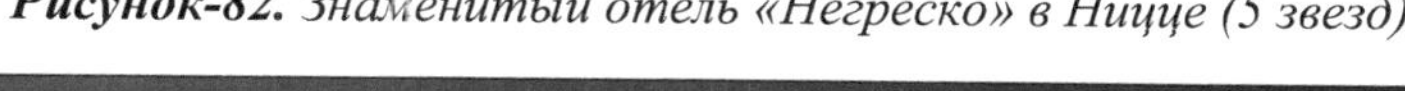

Рисунок-82. *Знаменитый отель «Негреско» в Ницце (5 звезд)*

Достаточно неоднозначная ситуация также и с элитными объектами в стране. Снизить стоимость до уровня отелей 3-х звезд было крайне неразумным и не рациональным решением. Переход из класса «элит» в класс «эконом», используя годами сложившиеся принципы и стандарты, и имея соответствующую репутацию обслуживания, ради того, чтобы не допустить существенных финансовых потерь - для большинства это было не приемлемым сценарием. Некоторые отели пошли по этому пути, а некоторые сократили персонал и остались работать в элитном сегменте.

В сервисном сегменте аренды автомобилей в 2020 году произошли также существенные изменения. Один из лидеров рынка, компания «Hertz», еще на начальном этапе пандемии подала заявление о банкротстве. Компания не выдержала кризиса из-за катастрофичного падения спроса и высокой долговой нагрузки. Данная компания была широко представлена на французском рынке и имела представительства во всех крупных аэропортах Франции. Сегменты аренды элитных автомобилей и аренды элитных автомобилей с водителями также понес существенные убытки. Во Франции данное направление было развито в городах Париж и Ницца.

Аренда автомобилей эконом класса во Франции начинается от 20 евро в сутки, автомобили класса «люкс» можно арендовать по цене от 80 евро до 160 евро за сутки. Аренда автомобиля класса люкс с водителем обойдется от 500 до 1200 евро в сутки.

Сегмент аренды автомобилей эконом класса, продолжает работу, несмотря на кризис. Участники рынка предприняли меры по совершенствованию бизнес модели и, в большинстве случаев, вывели из парка часть автомобилей (компании, предоставляющие автомобили в аренду приобретают автомобили в лизинг).

Вероятно, основным сценарием для ближайшего будущего, станет развитие сегмента аренды автомобилей класса эконом, а также долгосрочный каршеринг.

Каршеринг достаточно активно развивался во Франции до 2020 года. Популярностью пользовались электромобили «Nissan Life» и «Renault Zoe», некоторые компании, чтобы привлечь клиентов, имели в парке эксклюзивные модели «Tesla». Интересной является сама концепция французского каршеринга. Французские компании каршеринга, согласно законодательству, могут предоставлять автомобили и прочую технику в аренду на срок до 20 дней. Регистрация пользователя проходит через приложение, а некоторые компании запрашивают дополнительные сведения о предполагаемом арендаторе. Пользователь, в рамках одной компании, может арендовать несколько видов транспорта. Как правило, это электросамокаты, велосипеды, скутеры, автомобили. Как было отмечено выше, в каршеринге популярны электромобили. Это обусловлено льготами и преференциями, которые получают приобретатели электрического и гибридного автомобильного транспорта во Франции. Стоимость электромобилей во Франции начинается от 30 тыс. евро. И доходит до 100-120 тысяч, но, наиболее популярные модели представлены в эконом сегменте. Дальность хода на одной зарядке составляет до 180 км, а время, затрачиваемое на зарядку, составляет от 30 минут до 8 часов.

Рисунок-83. *Электромобиль Renault Zoe, 2021 модельный год*

Электромобили находят повсеместное применение. Год от года во Франции увеличивается количество зарядных станций, данный сегмент, наравне с гибридами получает все большее распространение. Но говорить об эпохе электромобилей пока рано. Развитие происходит за счет политики правительства, направленной на популяризацию электрического и гибридного транспорта, который является более экономичным и экологичным.

Мы видим, что индустрия туризма охватывает множество прямых и косвенных участников рынка. Казалось бы, какова связь между электромобилем и туристом, пребывающим во Францию из далекого государства? Сервис краткосрочной аренды (каршеринг) рассчитан именно на туристов, которые или из любопытства, или из необходимости, пользуется услугами по краткосрочной аренде электромобилей.

Какова взаимосвязь межу пиццерией и электромобилями? Существует во Франции множество объектов общественного питания, которые используют электромобили для курьерской доставки своей продукции. Даже медицинские центры во Франции используют электромобили, как служебный транспорт для своих сотрудников. Таким образом, прослеживается взаимосвязь между отраслями экономики. А туризм - важная составляющая национальной экономики Франции.

Еще одним выгодоприобретателем от развития туризма являются собственники недвижимости, которая сдается туристам на короткий срок. Во Франции этот сегмент в значительной степени развит в туристических центрах страны: в регионе Иль де Франс (столица и парижский регион), на Атлантическом побережье (г. Бордо, Биарицц) и на Средиземноморье (г. Сан-Тропе, г. Ницца, г. Канны, г. Ментон и др.). Сезон отпусков начинается во второй половине апреля и продолжается до октября. Собственники недвижимости могут заработать за сезон от 10 до 100 тысяч евро, сдавая внаем туристам на короткий срок свои дома и апартаменты. Аренда дома, площадью 150 кв.м в зимний период времени составляет от 1000 до 1500 евро / 7 дней, а в летний период времени стоимость возрастает в 2-3 раза.

Рисунок-84. *Предложения по аренде недвижимости во Франции, сроком на 7 дней по состоянию на январь 2022 года*

Les Ecures, maison de campagne entièrement rénovée avec vue sur le château.

Champagne-et-Fontaine, Dordogne

10 personnes, 150 m², 4 chambres, 2 salles de bain, Piscine privée.

7 avis

A partir de **1299 €** par semaine

Maison de vacances spacieuse avec piscine aux Vans

Les Vans, Ardèche

8 personnes, 120 m², 3 chambres, 2 salles de bain, Piscine, Animaux bienvenus.

4 avis

A partir de **986 €** par semaine

Maison de vacances cosy avec piscine au Plan-de-la-Tour

Le Plan-De-La-Tour, Var

8 personnes, 200 m², 4 chambres, 4 salles de bain, Piscine privée, Climatisation, Animaux bienvenus.

1 avis

A partir de **2699 €** par semaine

Владельцы недвижимости либо сдают самостоятельно, уплачивая налоги как лицо, осуществляющие предпринимательскую деятельность, либо через специализированные агентства, которые взимают комиссию, доходящую до 50% стоимости аренды. Арендный бизнес во Франции (краткосрочная аренда) - это многомиллиардный сектор экономики, в котором задействованы ежегодно сотни тысяч владельцев недвижимости и миллионы пользователей. В среднем, европейская семья, арендующая дом в летний период тратит от 2000 до 3000 евро, при этом, располагаться в доме могут от 3 до 8 человек. Этот вариант является экономически выгодным, чем аренда 2-3 номеров гостиницы на этот же период времени.

Проблема рынка в том, что это направление продолжает находиться «в тени» и контролирующим органам Франции не так просто получить реальную статистику арендного бизнеса и заставить собственников уплачивать все полагающиеся от аренды налоги и сборы. В случае знакомства арендодателя и арендатора условия аренды оговариваются индивидуально, и доход не раскрывается при подаче декларации. Аренда недвижимости может доходить до 7-10 тысяч евро за 1 неделю (как вариант, представленный ниже). Это элитная недвижимость, которая пользовалась спросом у американских и британских туристов.

Рисунок-85. *Вилла в департаменте Вар (Юг Франции), которая сдается в аренду по цене 7500 евро / 7 дней*

Кроме этого, во Франции распространена аренда яхт. Это направление получило распространение на Юге Франции. Стоимость суточной аренды яхты составляет от 1000 евро и, порой кажется, что до бесконечности. Есть яхты, которые сдаются в аренду за 200-300 тысяч евро / 7 дней. Причем, как на рынке элитной недвижимости, так и на рынке аренды яхт присутствуют как французские, так и зарубежные владельцы собственности.

Рисунок-86. *Стоимость аренды яхт на Юге Франции, январь 2022 года*

Вложения в элитную невидимость и предметы роскоши (яхты, самолеты, автомобили) с последующей сдачей в аренду иностранным туристам до 2020 года были популярными направлениями инвестирования с доходностью от 3% до 10% годовых. Десятки тысяч собственников, не резидентов Франции, инвестируют таким образом средства, заработанные за пределами Франции и Европейского Союза.

Как повлияла пандемия COVID-19 на туристическую индустрию Франции?

Представим данные падения количества ночей, проведенных туристами в отелях Франции в 2020 году по сравнению с данными 2019 года.

Рисунок-87. *Количество ночей, проведенных туристами в отелях Франции в 2020 году, % по отношению к данным 2019 года*

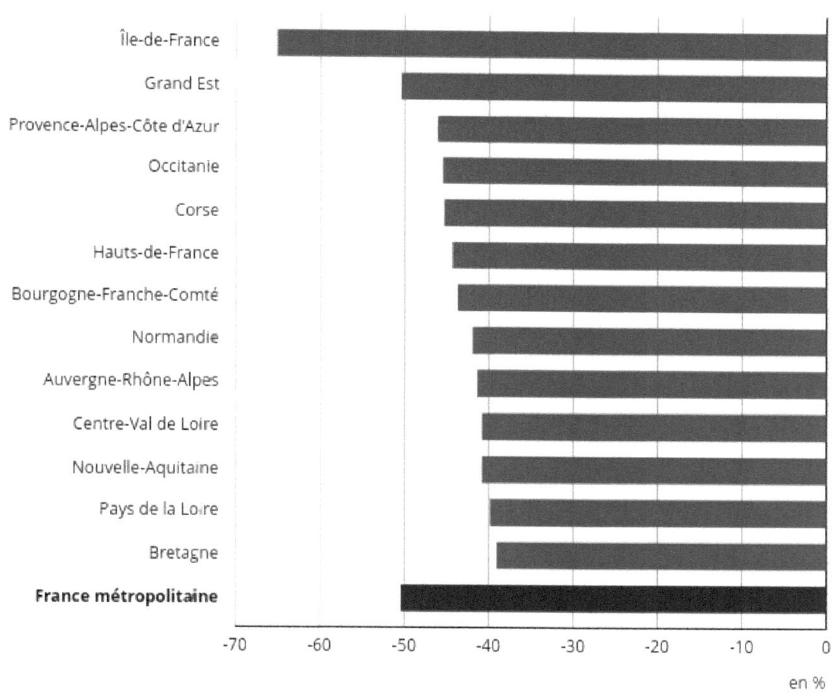

В среднем во Франции в 2020 году количество ночей проведенных туристами в гостинице сократилось на 50%, что является рекордным показателем за всю историю развития отрасли. Наиболее пострадавшими регионами оказались, как вы правильно понимаете, Иль де Франс и Юг Франции. В парижском регионе этот показатель приблизился к отметке 75%.

Летом 2020 года были частично сняты ограничения. Французская индустрия туризма оказалась в крайне невыгодном положении. По тем услугам, которые были приобретены до апреля 2020 года (до введения строгих ограничительных мер), необходимо было возместить компенсацию туристическим операторам и субъектам индустрии туризма, а это - прямые убытки, соизмеряемые десятками миллиардов евро. Французское правительство пошло на уступки и ввело временное послабление с целью недопущения массовых банкротств туроператоров, гостиниц и ресторанов в стране. Таким образом, показатель размещения туристов в частном и коммерческом жилье в летние месяцы 2020 года практически сопоставим с показателями 2019 года.

Рисунок-88. *Количество ночей, проведенных туристами в частном и коммерческом жилье в 2020 году, % по отношению к показателям 2019 года.*

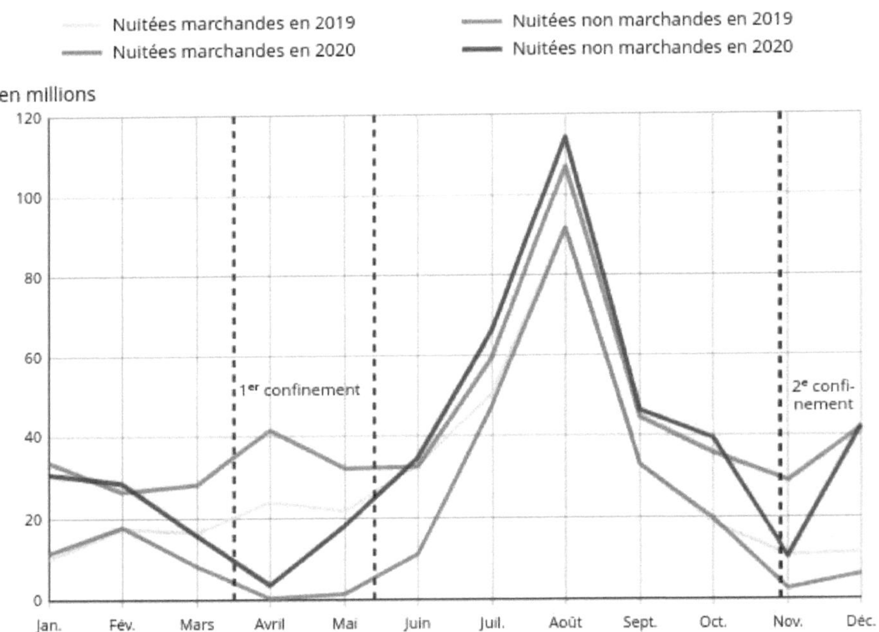

Далее последовала очередная волна заболеваемости COVID-19 и французское правительство вновь было вынуждено ввести запретительные меры. Снова опустели французские гостиницы. Туристическая отрасль продолжила нести многомиллиардные убытки.

Отметим, что часть туристов проявили сознательность и добровольно отказались от приобретенных до апреля 2020 года туров. Многие авиакомпании, гостиницы и туроператоры возместили убытки своим клиентам, которые не дали согласия на перемену даты путешествия.

Остальные участники рынка не предприняли никаких мер и не компенсировали своим клиентам оплаченные услуги.

Апрель-май 2020 года стал самым сложным, даже можно сказать, критическим моментом в истории французской индустрии туризма. Наполняемость гостиниц и объектов размещения в этот период была ниже на 90% - 95% по сравнению с показателя 2019 года. При том, что в начале 2020 года наблюдался повсеместный рост по отношению к январю-февралю 2019 года.

Рисунок-89. *Динамика наполняемости отелей и объектов размещения в 2020 году по сравнению с данными 2019 года, % (Франция)*

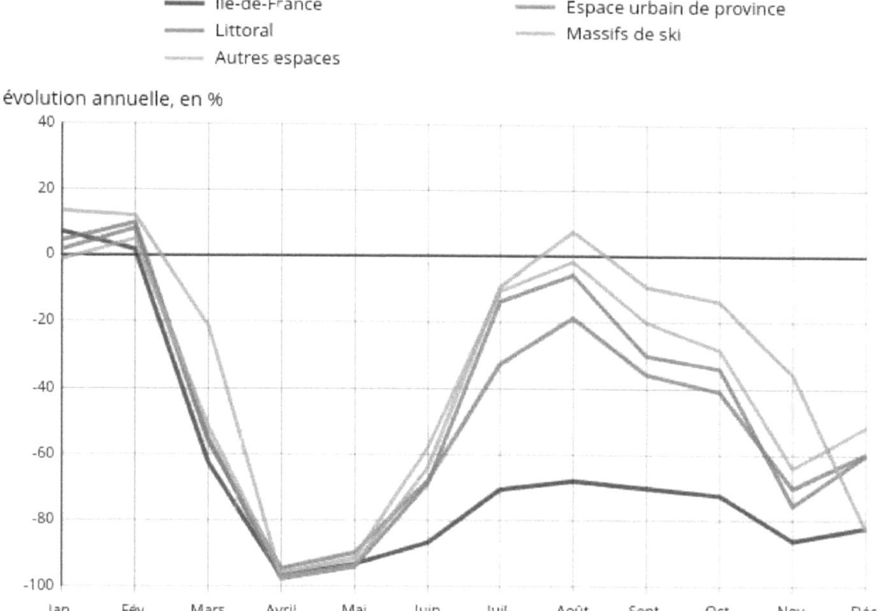

Аналогичным образом обстояли дела у французских соседей. Напомним, что Италия - первая страна в Европе, которая пострадала от распространения COVID-19. Там уже в январе-феврале 2020 года наблюдалось снижение туристического потока и падение ключевых экономических показателей отрасли. Пострадали все туристические центры Европы, но больше всех понесли потери Италия и Испания. С Италии началась европейская волна заболеваемости COVID-19, а Испания всегда была страной бюджетного туризма. Если Франция рассчитана на сегмент выше среднего, то Испания активно принимала туристов из Африки и регионов бывшего СССР. Туры в Испанию стоили на 20% - 30% ниже, чем во Францию, что делало популярным эту страну на туристической карте Европы.

Рисунок-90. *Динамика наполняемости отелей и объектов размещения в 2020 году по сравнению с данными 2019 года, % (Франция, Германия, Италия, Испания)*

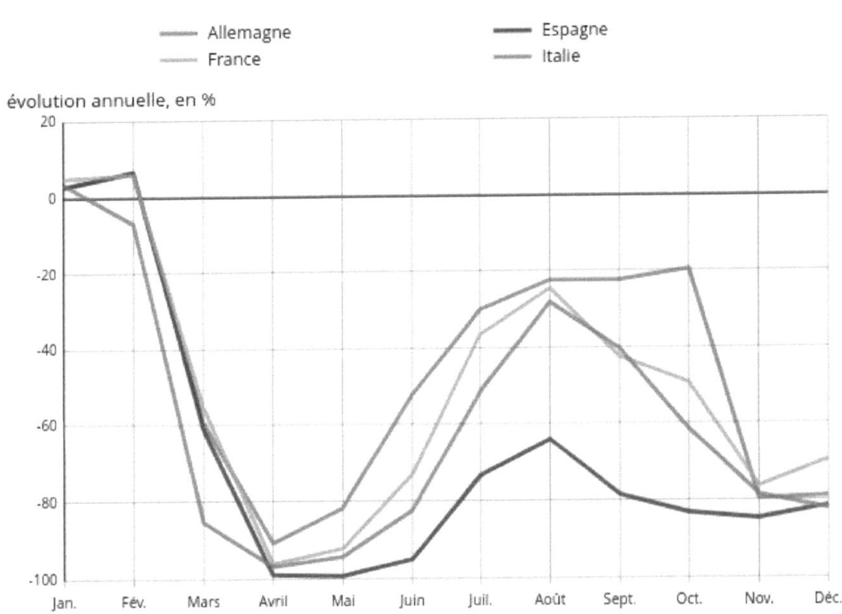

Одним из наиболее пострадавших французских регионов является регион Прованс-Альпы-Лазурный берег (сокращенно по-французски PACA). Анализируемый показатель является ключевым индикатором при оценке влияния пандемии COVID-19 на деятельность основных участников туристического рынка. Мы видим, что максимальное падение наблюдалось в апреле-мае 2020 года и региональные данные имеют незначительные расхождения с общими данными по стране. Также необходимо принимать во внимание ряд других немаловажных показателей. В период апрель-май 2020 года на рынке коммерческой недвижимости Франции наблюдался рост количества объектов недвижимости, выставленных на продажу.

О чем это свидетельствует?

Ряд организаций из гостиничного и ресторанного сегмента, имевших высокую долговую нагрузку, поспешили выставить свои объекты на продажу, ожидая в дальнейшем массовую волну банкротства и падение стоимости объектов недвижимости. К концу лета 2020 года рынок стабилизировался. Французское правительство приняло ряд мер по урегулированию экономики, уделив особое внимание субъектам малого и среднего бизнеса.

Рисунок-91. *Динамика отчисления НДС отелями и ресторанами Франции и региона Прованс-Альпы-Лазурный берег, по месяцам 2019-2020 гг.*

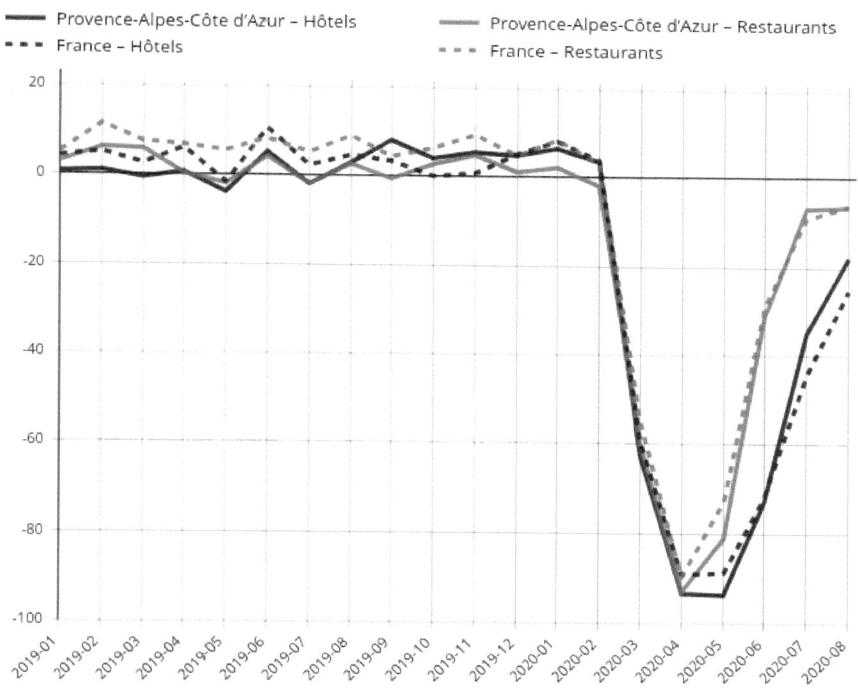

Единственным регионом, который не понес существенных потерь от пандемии COVID-19, стал остров Корсика. Французское правительство, как было отмечено выше, предприняло меры по недопущению транспортной изоляции острова. Французская авиакомпания «Air France», а также региональная авиакомпания «Air Corsica» на протяжении всего 2020 года продолжали выполнять регулярные рейсы, связывающие остров с материковой частью страны. Таким образом, в 2020 году Корсика стала центром внутреннего туризма Франции. Запретительных мер на посещение Иль де ботэ не было и французские туристы, вынужденные отказаться от зарубежных путешествий, провели отпуска и выходные на острове. Таким образом, корсиканские аэропорты получили минимальное снижение пассажиропотока (по сравнению со среднерыночными показателями), а некоторые корсиканские отели и рестораны даже увеличили свои показатели в 2020 году.

Рисунок-92. *Общее количество ночей, проведенных туристами на острове Корсика в 2019,2020 и 2021 гг.*

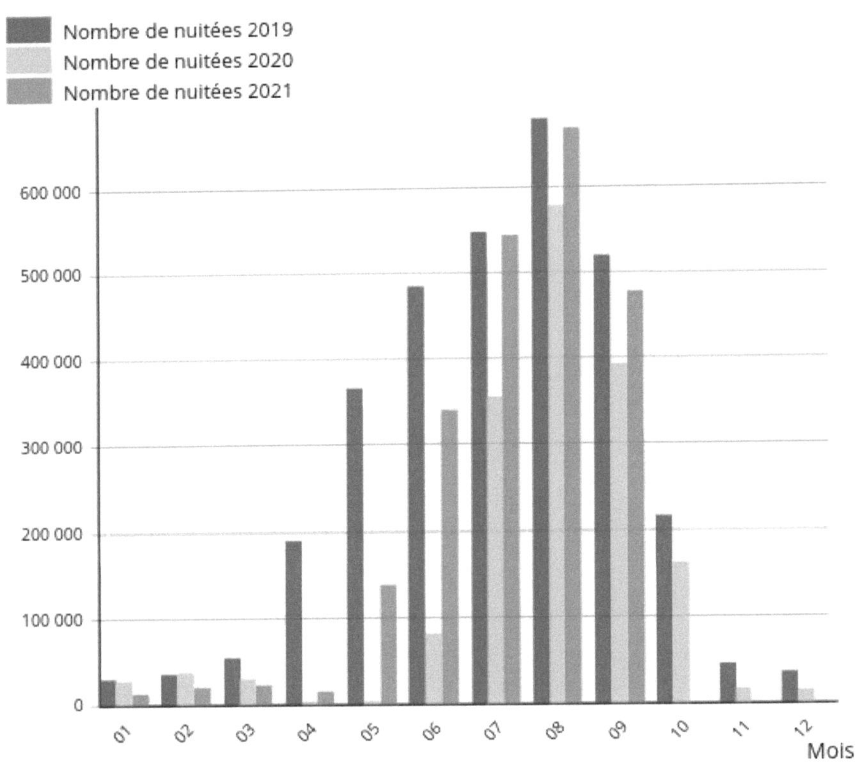

Таким обозом, остров, который имел до 2020 года весьма негативную статистику по внутреннему туристическому потоку ввиду достаточно высоких цен на размещение и бытовой сервис, в 2020 году стал центром французского внутреннего туризма.

Корсиканские отели и рестораны по оборотам в 2021 году вышли на докризисный уровень. Но все это было возможно, благодаря возобновлению регулярного авиасообщения между Корсикой и городами Европы, значительная часть которых обслуживается европейскими бюджетными авиакомпаниями «easyJet» и «Volotea».

Рисунок-93. *Динамика налоговых отчислений отелями и ресторанами острова Корсика в 2019-2021 гг., % по отношению к показателю предыдущего года*

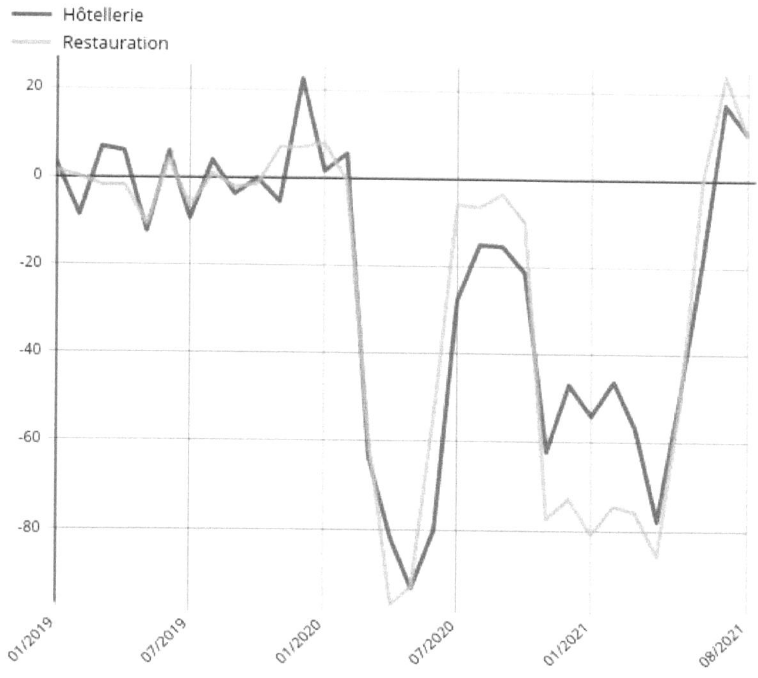

На примере настоящего издания я постарался показать взаимосвязь индустрии туризма и рынка пассажирских авиаперевозок.

Рынок авиаперевозок является индикатором роста и развития туризма.

Развитие рынка пассажирских авиаперевозок должно происходить в тесной взаимосвязи с расширением туристической индустрии государства. Если говорить о влиянии пандемии COVID-19 на французский рынок туризма, то оно колоссально. Пострадали как прямые участники рынка, так и косвенные.

Возможна ли волна посткризисного банкротства во Франции?

Нет, это маловероятно, потому что Франция имеет накопленный опыт преодоления кризисных явлений на рынке и достаточный объем финансовых ресурсов, которые тратились на протяжении всего 2020 года и продолжают тратиться с целью недопущения массовых банкротств. Безусловно, единичные случаи банкротства были, есть и будут и пример компании «Hertz», имевший вековую историю, тому подтверждение.

Что ждет рынок в 2022-2025 гг.?

Инфляция в еврозоне может превысить отметку в 10%-15%, что станет рекордным показателем за всю историю Европейского Союза. Это снизит покупательную способность, но незначительно. Все будет зависеть от роли Франции в мировой торговой системе и от объема средств, поступающих во французскую экономику от внешней торговли. Однако в целом, мы видим, что французское правительство предпринимает разумные и рациональные действия по стабилизации экономической системы.

Я считаю, что все участники экономического процесса должны взять на себя ответственность за происходящее и в принимаемых решениях руководствоваться принципом минимизации рисков до завершения макроэкономического кризиса.

Приложение. Публикации автора 2020-2021 гг.

Публикации в научных изданиях, включенных в Перечень ведущих рецензируемых научных журналов Высшей аттестационной комиссии (ВАК) при Министерстве образования и науки Российской Федерации:

1. ***Рублев В.В.*** **Перспективы развития рынка бюджетных авиаперевозок в Республике Казахстан** // Вестник Астраханского государственного технического университета. Серия: Экономика - г. Астрахань. 2020, №2 (июнь) – с. 70-80.

2. ***Рублев В.В.*** **Анализ эффективности мер государственной поддержки региональных пассажирских авиаперевозок в Российской Федерации** // Современная экономика: проблемы и решения - г. Воронеж. 2020, №7 (127) (июль) – с. 161-177.

3. ***Рублев В.В.*** **Перспективы развития рынка пассажирских авиаперевозок в рамках Евразийского экономического союза в условиях макроэкономической нестабильности** // Вестник СГЭУ - г. Самара. 2020 г. №4 (186) (июнь) – с. 18-37.

4. ***Рублев В.В.*** **Перспективы развития российского рынка пассажирских авиалайнеров в условиях макроэкономической нестабильности** // Вестник СГЭУ - г. Самара. 2020 г. №8 (190) (август) – с. 86-97.

5. ***Рублев В.В.*** **Анализ деятельности и перспективы развития аэропортов ЦФО в условиях макроэкономической нестабильности** // Современная экономика: проблемы и решения - г. Воронеж. 2020, №8 (128) (август) – с. 49-70.

6. ***Рублев В.В.*** **Увеличение направлений бюджетных авиакомпаний как ключевой фактор развития международного аэропорта Самары (Курумоч) в условиях макроэкономической нестабильности** // Вестник СГЭУ - г. Самара. 2020 г. №10 (192) (сентябрь) – с. 58-69.

7. ***Рублев В.В.*** **Анализ парка воздушных судов ведущих авиакомпаний Российской Федерации: тенденции и перспективы развития в условиях макроэкономической нестабильности** // Современная экономика: проблемы и решения - г. Воронеж. 2020, №9 (129) (сентябрь) – с. 31-50.

8. ***Рублев В.В.*** **Европейский опыт развития бюджетных авиакомпаний на рынке региональных авиаперевозок: тенденции и перспективы развития** // Региональные проблемы преобразования экономики - г. Махачкала. 2020, №6 (116) (июнь) – с. 24-33.

9. ***Рублев В.В.*** **Региональная маршрутная сеть как основа концепции бюджетной авиакомпании: европейский опыт и российская практика** // Современная экономика: проблемы и решения - г. Воронеж. 2020, №10 (130) (октябрь) – с. 150-168.

10. ***Рублев В.В.*** **Перспективы развития международного аэропорта Курумоч (город Самара) в условиях макроэкономической нестабильности** // Известия Байкальского государственного университета - г. Иркутск. 2020, №3, Т.30 (сентябрь) – с. 448-462.

11. ***Рублев В.В.*** **Перспективы развития аэропортов Северо-Кавказского федерального округа в условиях макроэкономической нестабильности** // Региональные проблемы преобразования экономики - г. Махачкала. 2020, №7 (117) (июль) – с. 36-48.

12. ***Рублев В.В.*** **Перспективы развития аэропорта Манас (г. Бишкек, Республика Кыргызстан) в условиях преодоления кризиса, вызванного влиянием пандемии COVID-19** // Современная экономика: проблемы и решения - г. Воронеж. 2020, №11 (131) (ноябрь) – с. 180-198.

13. ***Рублев В.В.*** **Анализ влияния бюджетных авиакомпаний «Volotea» и «Vueling» на рынок пассажирских авиаперевозок Испании в условиях макроэкономической нестабильности** // Теоретическая экономика - г. Ярославль. 2020, №11 (71) (ноябрь) - с. 68-78.

14. ***Рублев В.В. Ларин О.Н.*** **Анализ маркетинговой политики ведущих европейских бюджетных авиакомпаний «easyJet» и «Ryanair»** // Региональные проблемы преобразования экономики - г. Махачкала. 2020, №8 (118) (август) – с. 187-196.

15. ***Ларин О.Н. Рублев В.В.*** **Перспективы развития европейской авиастроительной корпорации Airbus SE в условиях преодоления кризиса, вызванного пандемией COVID-19** // KANT. Научно-исследовательский журнал - г. Ставрополь. 2020, №4 (37) (декабрь) – с. 160-168.

16. ***Рублев В.В.*** **Тенденции и перспективы развития европейских бюджетных авиакомпаний в условиях макроэкономической нестабильности (на примере «Ryanair», «easyJet», «Wizz Air»,**

«Transavia», «Vueling») // Экономика устойчивого развития - г. Краснодар. 2020, №4 (44) (декабрь) – с. 226-234.

17. ***Рублев В.В.*** **Перспективы развития бюджетных авиаперевозок в СКФО в условиях макроэкономической нестабильности** // Региональные проблемы преобразования экономики - г. Махачкала. 2020, №9 (119) (сентябрь) – с. 63-75.

18. ***Рублев В.В. Одинцова Т.Н.*** **Развитие региональных направлений в структуре маршрутной сети Международного аэропорта Гагарин (г. Саратов) как фактор развития в условиях макроэкономической нестабильности** // Актуальные проблемы экономики и менеджмента. Научно-аналитический журнал - г. Саратов. 2020, №4 (28) (декабрь) – с. 134-145.

19. ***Рублев В.В. Ларин О.Н.*** **Анализ ценовой политики ведущих европейских бюджетных авиакомпаний в период преодоления кризиса, вызванного влиянием пандемии COVID-19** // Вестник РГЭУ (РИНХ) – г. Ростов-на-Дону. 2020, №4 (72) (декабрь) - с. 208-227.

20. ***Рублев В.В. Ларин О.Н.*** **Анализ влияния пандемии COVID-19 на падение пассажиропотока ведущих аэропортов Франции: тенденции и перспективы посткризисного развития** // Современная экономика: проблемы и решения - г. Воронеж. 2021, №1 (133) (январь) - с. 8-26.

21. ***Ларин О.Н. Рублев В.В.*** **Перспективы применения отечественных самолетов для региональных авиаперевозок** // Экономика, предпринимательство и право – г. Москва. 2021, Том-11 №2. (февраль) – с. 431-443.

22. ***Ларин О.Н. Рублев В.В.*** **Анализ влияния бюджетных авиакомпаний на развитие региональных аэропортов: опыт Франции** // Петербургский экономический журнал – г. Санкт-Петербург. 2021, №1. (март) – с. 85-99.

23. ***Рублев В.В. Ларин О.Н.*** **Теоретические основания управления рынком пассажирских авиаперевозок в условиях преодоления макроэкономического кризиса** // Теоретическая экономика - г. Ярославль. 2021, №2 (74) (февраль) - с. 94-108.

24. ***Рублев В.В.*** **Перспективы развития Международного аэропорта имени Нурсултана Назарбаева (г. Нур-Султан, Республика Казахстан) в качестве пассажирского транзитного хаба авиакомпании «Air Astana»** // Современная экономика: проблемы и решения - г. Воронеж. 2021, №2 (134) (февраль) – с. 124-143.

25. ***Рублев В.В. Ларин О.Н.*** **Анализ маршрутной сети базовых аэропортов (хабов) испанской бюджетной авиакомпании «Volotea»: тенденции и перспективы посткризисного развития** // Региональные проблемы преобразования экономики - г. Махачкала. 2021, №1 (123) (январь) – с. 64-73.

26. ***Рублев В.В.*** **Перспективы развития аэропорта «Гагарин» (город Саратов) в качестве регионального хаба Приволжского федерального округа** // Экономика устойчивого развития - г. Краснодар. 2021, №1 (45) (март) – с. 115-124.

27. ***Рублев В.В.*** **Перспективы развития венгерской бюджетной авиакомпании «Wizz Air» в условиях макроэкономической нестабильности** // Вестник Алтайской академии экономики и права - г. Барнаул. 2021, №3. Часть-2. (март) – с. 201-210.

28. ***Рублев В.В.*** **Анализ экономической деятельности региональных аэропортов Франции и региональных аэропортов ЦФО: развитие направлений бюджетных авиакомпаний как ключевой фактор роста пассажиропотока** // Вестник СГЭУ - г. Самара. 2021 г. №1 (195) (январь) – с. 75-87.

29. ***Рублев В.В. Ларин О.Н.*** **Перспективы развития международного аэропорта Кальяри Эльмас (Сардиния, Италия) в условиях макроэкономического кризиса** // Экономика и управление: научно-практический журнал - г. Уфа. 2021 г. №2 (158) (апрель) – с. 123-131.

30. ***Рублев В.В.*** **Анализ рынка пассажирских авиаперевозок Республики Таджикистан: тенденции и перспективы посткризисного развития** // Современная экономика: проблемы и решения - г. Воронеж. 2021, №3 (135) (март) – с. 141-156.

31. ***Рублев В.В.*** **Перспективы развития аэропортов Швейцарии в условиях макроэкономической нестабильности: Цюрих-Клотен, Женева, Базель-Мюлуз** // Региональные проблемы преобразования экономики - г. Махачкала. 2021, №2 (124) (февраль) – с. 48-58.

32. ***Рублев В.В. Ларин О.Н.*** **Региональные аэропорты ЦФО: перспективы развития в условиях макроэкономической нестабильности** // Научные исследования и разработки. Экономика - г. Москва. 2021, №2 (50) (апрель) – с. 43-50.

33. ***Рублев В.В.*** **Анализ маркетинговой стратегии британской бюджетной авиакомпании «easyJet» в условиях макроэкономического**

кризиса 2020-2021 гг. // Вестник Алтайской академии экономики и права - г. Барнаул. 2021, №4. Часть-2. (апрель) – с. 262-272.

34. ***Рублев В.В.*** **Перспективы развития Международного аэропорта Алматы (Республика Казахстан) в качестве регионального грузового хаба** // Вестник РГЭУ (РИНХ) – г. Ростов-на-Дону. 2021, №1 (73) (март) – с. 117-127.

35. ***Рублев В.В.*** **Анализ маршрутной сети испанской бюджетной авиакомпании «Volotea»** // Петербургский экономический журнал – г. Санкт-Петербург. 2021, №2. (июнь) – с. 163-173.

36. ***Рублев В.В.*** **Перспективы развития Международного аэропорта «Махачкала» в условии макроэкономической нестабильности** // Региональные проблемы преобразования экономики - г. Махачкала. 2021, №3 (125) (март) – с. 13-21.

37. ***Рублев В.В.*** **Бюджетные авиакомпании стран СНГ: перспективы развития в условии макроэкономической нестабильности** // Региональные проблемы преобразования - г. Махачкала. 2021, №4 (126) (апрель) - с. 56-64.

38. ***Рублев В.В.*** **Перспективы развития Международного аэропорта «Симферополь» в условиях преодоления кризиса макроэкономической нестабильности** // Научные исследования и разработки. Экономика - г. Москва. 2021, №3 (51) (июнь) – с. 4-11.

39. ***Рублев В.В.*** **Оценка влияния пандемии COVID-19 на падение авиационного трафика ведущих авиатранспортных узлов Европы** // Экономика устойчивого развития - г. Краснодар. 2021, №2 (46) (июнь) – с. 292-306.

40. ***Рублев В.В. Ларин О.Н.*** **Перспективы создания региональной бюджетной авиакомпании на территории Республики Крым** // Вестник волгоградского государственного университета. Экономика - г. Волгоград. 2021, Том-23 (№2) (июнь) – с. 57-75.

41. ***Рублев В.В. Ларин О.Н.*** **Оценка влияния пандемии «COVID-19» на рынок пассажирских авиаперевозок Италии** // Региональные проблемы преобразования экономики - г. Махачкала. 2021, №5 (127) (май) – с. 67-77.

42. ***Рублев В.В. Ларин О.Н.*** **Перспективы развития аэропорта «Туношна» (город Ярославль) в условиях преодоления кризиса, вызванного негативным влиянием пандемии «COVID-19»** // Теоретическая экономика - г. Ярославль. 2021, №6 (78) (июнь) - с. 126-142.

43. *Рублев В.В.* **Анализ маркетинговой политики испанской бюджетной авиакомпании «Volotea» в условиях макроэкономической нестабильности** // Современная экономика: проблемы и решения - г. Воронеж. 2021, №7 (139) (июль) – с. 29-43.

44. *Рублев В.В. Ларин О.Н.* **Перспективы развития Международного аэропорта Воронеж имени Петра I в условиях преодоления кризиса** // Вестник Воронежского государственного аграрного университета: Теоретический и научно-практический журнал - г. Воронеж. 2021, Том-14, №2 (69) (июнь) – с. 165-175.

45. *Ларин О.Н. Рублев В.В.* **Перспективы посткризисного развития российской отрасли гражданского самолетостроения** // Петербургский экономический журнал – г. Санкт-Петербург. 2021, №3. (сентябрь) – с. 97-108.

46. *Рублев В.В. Ларин О.Н.* **Управление рынком авиаперевозок Швейцарии в условиях макроэкономической нестабильности** // Региональные проблемы преобразования экономики - г. Махачкала. 2021, №6 (128) (июнь) – с. 53-62.

47. *Рублев В.В. Ларин О.Н.* **Перспективы развития аэропорта Женевы (Швейцария) в условиях преодоления макроэкономического кризиса** // Региональные проблемы преобразования экономики - г. Махачкала. 2021, №7 (129) (июль) – с. 70-78.

48. *Рублев В.В.Ларин О.Н.* **Перспективы развития аэропорта «Платов» (г. Ростов-на-Дону) в условиях преодоления кризиса, вызванного влиянием пандемии COVID-19** // Вестник РГЭУ (РИНХ) – г. Ростов-на-Дону. 2020, №2 (74) (июнь) – с. 128-138.

49. *Рублев В.В. Ларин О.Н.* **Проблемы развития региональных аэропортов на островных и полуостровных территориях** // Экономика устойчивого развития - г. Краснодар. 2021, №3 (47) (сентябрь) – с. 124-132.

50. *Рублев В.В.* **Перспективы развития бюджетной авиакомпании «Fly Arystan» (Республика Казахстан) в условиях преодоления кризиса, вызванного влиянием пандемии COVID-19** // Современная экономика: проблемы и решения - г. Воронеж. 2021, №9 (141) (сентябрь) – с. 42-56.

51. *Рублев В.В. Ларин О.Н.* **Анализ маркетинговой политики ирландской бюджетной авиакомпании «Ryanair» в условии преодоления макроэкономического кризиса** // Региональные проблемы преобразования экономики - г. Махачкала. 2021, №8 (130) (август) – с. 47-54.

52. ***Рублев В.В. Ларин О.Н.*** **Перспективы посткризисного развития рынка пассажирских авиаперевозок Республики Азербайджан** // Научные исследования и разработки. Экономика - г. Москва. 2021, №5 (53) (октябрь) – с. 22-30.

53. ***Рублев В.В. Ларин О.Н.*** **Перспективы развития аэропортов острова Корсика (Франция) в условии макроэкономической нестабильности** // Региональные проблемы преобразования экономики - г. Махачкала. 2021, №9 (131) (сентябрь) – с. 34-44.

54. ***Рублев В.В. Ларин О.Н.*** **Перспективы развития авиакомпании «Air France» в условии преодоления макроэкономического кризиса** // Региональные проблемы преобразования экономики - г. Махачкала. 2021, №10 (132) (октябрь) – с. 88-95.

55. ***Рублев В.В.Ларин О.Н.*** **Французский опыт создания лоукост аэропортов: тенденции и перспективы посткризисного развития** // Вестник РГЭУ (РИНХ) – г. Ростов-на-Дону. 2020, №3 (75) (сентябрь) – с. 155-165.

Серия: «Актуальные вопросы современной экономики государств Центральной Азии»:

Владимир Рублев – НУР-СУЛТАН: экономика и люди. К 30-летию независимости. - Düsseldorf: LAP LAMBERT Academic Publishing GmbH & Co.KG., 2021. - 116 с. - ISBN 978-620-4-71847-7

Серия экономических блогов:

Владимир Рублев - Рынок авиаперевозок Европы. Серия экономических блогов - BloggingBooks (Германия), 2021. - 116 с. - ISBN 978-620-2-47631-7

Владимир Рублев – Бюджетные авиакомпании на рынке авиаперевозок Франции. Серия экономических блогов - BloggingBooks (Германия), 2021. - 116 с. - ISBN 978-620-2-47632-4

Учебные пособия по экономическим дисциплинам:

Бузина С.В., Искяндерова Т.А., Рублев В.В. и др. Основы бизнеса. Учебное пособие (под ред. Искяндеровой Т.А.). - Москва, КНОРУС, 2021. - 298 с. – (Бакалавриат) - ISBN 978-5-406-06404-7

Монографии по экономическим дисциплинам (экономическая теория, экономика транспорта, логистика):

1. ***Ларин О.Н. Рублев В.В.*** Авиатранспортный потенциал Республики Казахстан. Монография - Düsseldorf: LAP LAMBERT Academic Publishing GmbH & Co.KG., 2021. - 85 с. - ISBN 978-620-4-71444-8

2. ***Ларин О.Н. Рублев В.В.*** Авиакомпании: развитие в условиях преодоления макроэкономического кризиса. Монография - Düsseldorf: LAP LAMBERT Academic Publishing GmbH & Co.KG., 2021. - 141 с. - ISBN 978-620-3-86053-5

3. ***Ларин О.Н. Рублев В.В.*** Аэропорты: развитие в условиях преодоления макроэкономического кризиса. Монография - Düsseldorf: LAP LAMBERT Academic Publishing GmbH & Co.KG., 2021. - 153 с. - ISBN 978-620-3-85710-8

4. ***Ларин О.Н. Рублев В.В.*** Бюджетные авиакомпании: тенденции и перспективы развития. Монография - Düsseldorf: LAP LAMBERT Academic Publishing GmbH & Co.KG., 2021. - 100 с. - ISBN 978-620-3-46448-1

5. ***Ларин О.Н. Рублев В.В.*** Рынок пассажирских авиаперевозок в условиях макроэкономической нестабильности. Монография - Düsseldorf: LAP LAMBERT Academic Publishing GmbH & Co.KG., 2021. - 125 с. - ISBN 978-620-4-21293-7

6. ***Рублев В.В.*** Авиакомпании: теоретические и практические аспекты управления. Монография - Düsseldorf: LAP LAMBERT Academic Publishing GmbH & Co.KG., 2021. - 129 с. - ISBN 978-620-3-92235-6

7. ***Рублев В.В.*** Аэропорты: теоретические и практические аспекты управления. Монография - Düsseldorf: LAP LAMBERT Academic Publishing GmbH & Co.KG., 2021. - 113 с. - ISBN 978-620-3-92231-8

8. ***Рублев В.В.*** Менеджмент и маркетинг на европейском рынке пассажирских авиаперевозок. Монография - Düsseldorf: LAP LAMBERT Academic Publishing GmbH & Co.KG., 2021. - 137 с. - ISBN 978-620-3-86083-2

9. ***Рублев В.В.*** Менеджмент и маркетинг на российском рынке пассажирских авиаперевозок. Монография - Düsseldorf: LAP LAMBERT Academic Publishing GmbH & Co.KG., 2021. - 149 с. - ISBN 978-620-3-86184-6

10. ***Рублев В.В.*** Методика оценки эффективности региональных аэропортов Российской Федерации. Монография - Düsseldorf: LAP LAMBERT Academic Publishing GmbH & Co.KG., 2021. - 140 с. - ISBN 978-620-4-21373-6

11. ***Рублев В.В.*** Посткризисное развитие аэропортов Казахстана, Кыргызстана, Таджикистана и Азербайджана. Монография - Düsseldorf: LAP LAMBERT Academic Publishing GmbH & Co.KG., 2021. - 100 с. - ISBN 978-620-4-71649-7

12. ***Рублев В.В.*** Региональные авиаперевозки: тенденции и перспективы развития. Монография - Düsseldorf: LAP LAMBERT Academic Publishing GmbH & Co.KG., 2021. - 153 с. - ISBN 978-620-3-86213-3

13. ***Рублев В.В.*** Управление рынком пассажирских авиаперевозок в условиях макроэкономической нестабильности. Монография - Düsseldorf: LAP LAMBERT Academic Publishing GmbH & Co.KG., 2021. - 209 с. - ISBN 978-620-3-87048-0

Детские исторические сборники назидательного содержания:

1. ***Рублев В.В.*** Деревенские песни и частушки конца XIX века. – Saarbrücken: YAM Publishing. - 2021. - 113 с. - ISBN 978-620-3-84825-0

2. ***Рублев В.В.*** Детский театральный сборник. – Saarbrücken: YAM Publishing. - 2021. - 81 с. - ISBN 978-620-3-84832-8

3. ***Рублев В.В.*** Духовно-поэтический сборник произведений XVIII столетия. – Saarbrücken: YAM Publishing. - 2021. - 129 с. - ISBN 978-620-3-84846-5

4. ***Рублев В.В.*** Значение сна по старорусским преданиям. – Saarbrücken: YAM Publishing. - 2021. - 81 с. - ISBN 978-620-3-84822-9

5. ***Рублев В.В.*** Исторические притчи. – Saarbrücken: YAM Publishing. - 2021. - 81 с. - ISBN 978-620-3-84834-2

6. ***Рублев В.В.*** Казачий фольклор. – Saarbrücken: YAM Publishing. - 2021. - 85 с. - ISBN 978-620-3-84867-0

7. ***Рублев В.В.*** Мифологический словарь. – Saarbrücken: YAM Publishing. - 2021. - 133 с. - ISBN 978-620-3-84821-2

8. ***Рублев В.В.*** Народные приметы и поверья. – Saarbrücken: YAM Publishing. - 2021. - 73 с. - ISBN 978-620-3-84857-1

9. ***Рублев В.В.*** Пословицы и поговорки белорусского народа. – Saarbrücken: YAM Publishing. - 2021. - 137 с. - ISBN 978-620-3-84868-7

10. ***Рублев В.В.*** Пословицы и поговорки европейских народов. – Saarbrücken: YAM Publishing. - 2021. - 77 с. - ISBN 978-620-3-84862-5

11. ***Рублев В.В.*** Пословицы и поговорки казахского народа. – Saarbrücken: YAM Publishing. - 2021. - 81 с. - ISBN 978-620-3-84858-8

12. ***Рублев В.В.*** Пословицы и поговорки малочисленных народов России. – Saarbrücken: YAM Publishing. - 2021. - 73 с. - ISBN 978-620-3-84865-6

13. ***Рублев В.В.*** Пословицы и поговорки народов Азии. – Saarbrücken: YAM Publishing. - 2021. - 77 с. - ISBN 978-620-3-84863-2

14. ***Рублев В.В.*** Пословицы и поговорки народов Кавказа. – Saarbrücken: YAM Publishing. - 2021. - 129 с. - ISBN 978-620-3-84850-2

15. ***Рублев В.В.*** Пословицы и поговорки народов мира. – Saarbrücken: YAM Publishing. - 2021. - 89 с. - ISBN 978-620-3-84864-9

16. ***Рублев В.В.*** Пословицы и поговорки народов России. – Saarbrücken: YAM Publishing. - 2021. - 137 с. - ISBN 978-620-3-84854-0

17. ***Рублев В.В.*** Пословицы и поговорки народов Центральной Азии. – Saarbrücken: YAM Publishing. - 2021. - 101 с. - ISBN 978-620-3-84856-4

18. ***Рублев В.В.*** Поэтическое наследие великого казахского народа. – Saarbrücken: YAM Publishing. - 2021. - 69 с. - ISBN 978-620-3-84876-2

19. ***Рублев В.В.*** Притчи и легенды казахского народа. – Saarbrücken: YAM Publishing. - 2021. - 77 с. - ISBN 978-620-3-84874-8

20. ***Рублев В.В.*** Сборник басен. – Saarbrücken: YAM Publishing. - 2021. - 97 с. - ISBN 978-620-3-84818-2

21. ***Рублев В.В.*** Сборник былин. – Saarbrücken: YAM Publishing. - 2021. - 105 с. - ISBN 978-613-9-47073-0

22. ***Рублев В.В.*** Сборник детских поздравительных стихотворений. – Saarbrücken: YAM Publishing. - 2021. - 65 с. - ISBN 978-620-3-84831-1

23. ***Рублев В.В.*** Сборник загадок. – Saarbrücken: YAM Publishing. - 2021. - 57 с. - ISBN 978-613-9-47068-6

24. ***Рублев В.В.*** Сборник исторических анекдотов. – Saarbrücken: YAM Publishing. - 2021. - 109 с. - ISBN 978-620-3-84827-4

25. ***Рублев В.В.*** Сборник легенд. – Saarbrücken: YAM Publishing. - 2021. - 129 с. - ISBN 978-620-3-84820-5

26. ***Рублев В.В.*** Сборник назидательных рассказов и цитат для детей. – Saarbrücken: YAM Publishing. - 2021. - 105 с. - ISBN 978-620-3-84823-6

27. ***Рублев В.В.*** Сборник пословиц и поговорок. – Saarbrücken: YAM Publishing. - 2021. - 109 с. - ISBN 978-613-9-47067-9

28. ***Рублев В.В.*** Сборник пьес для детей. – Saarbrücken: YAM Publishing. - 2021. - 117 с. - ISBN 978-613-9-47077-8

29. ***Рублев В.В.*** Сборник рассказов для детей дошкольного возраста. – Saarbrücken: YAM Publishing. - 2021. - 77 с. - ISBN 978-620-3-84844-1

30. ***Рублев В.В.*** Сборник русских народных песен, стихотворений, игр и забав для детей. – Saarbrücken: YAM Publishing. - 2021. - 85 с. - ISBN 978-613-9-47071-6

31. ***Рублев В.В.*** Сборник русских народных песен. – Saarbrücken: YAM Publishing. - 2021. - 101 с. - ISBN 978-613-9-47075-4

32. ***Рублев В.В.*** Сборник русских народных сказок для маленьких детей. – Saarbrücken: YAM Publishing. - 2021. - 81 с. - ISBN 978-620-3-84817-5

33. ***Рублев В.В.*** Сборник сказок XVIII-XIX вв. – Saarbrücken: YAM Publishing. - 2021. - 97 с. - ISBN 978-620-3-84826-7

34. ***Рублев В.В.*** Сборник стихотворений для детей дошкольного возраста. – Saarbrücken: YAM Publishing. - 2021. - 73 с. - ISBN 978-620-3-84842-7

35. ***Рублев В.В.*** Сборник театральных куплетов XIX столетия. – Saarbrücken: YAM Publishing. - 2021. - 121 с. - ISBN 978-620-3-84852-6

36. ***Рублев В.В.*** Сборник трудов французских писателей XVII-XVIII вв. в назидание детям. – Saarbrücken: YAM Publishing. - 2021. - 105 с. - ISBN 978-620-3-84847-2

37. ***Рублев В.В.*** Сборник элегий XIX столетия. – Saarbrücken: YAM Publishing. - 2021. - 81 с. - ISBN 978-620-3-84843-4

38. ***Рублев В.В.*** Свадебные песни и причитания. – Saarbrücken: YAM Publishing. - 2021. - 93 с. - ISBN 978-620-3-84824-3

39. ***Рублев В.В.*** Сказки казахского народа. – Saarbrücken: YAM Publishing. - 2021. - 81 с. - ISBN 978-620-3-84875-5

40. ***Рублев В.В.*** Сказки народов Кавказа. – Saarbrücken: YAM Publishing. - 2021. - 89 с. - ISBN 978-620-3-84872-4

41. ***Рублев В.В.*** Фольклористика азербайджанского народа. – Saarbrücken: YAM Publishing. - 2021. - 101 с. - ISBN 978-620-3-84839-7

42. ***Рублев В.В.*** Фольклористика армянского народа. – Saarbrücken: YAM Publishing. - 2021. - 137 с. - ISBN 978-620-3-84853-3

43. ***Рублев В.В.*** Фольклористика башкирского народа. – Saarbrücken: YAM Publishing. - 2021. - 81 с. - ISBN 978-620-3-84860-1

44. ***Рублев В.В.*** Фольклористика белорусского народа. – Saarbrücken: YAM Publishing. - 2021. - 101 с. - ISBN 978-620-3-84871-7

45. ***Рублев В.В.*** Фольклористика грузинского народа. – Saarbrücken: YAM Publishing. - 2021. - 101 с. - ISBN 978-620-3-84859-5

46. ***Рублев В.В.*** Фольклористика Кыргызстана. – Saarbrücken: YAM Publishing. - 2021. - 89 с. - ISBN 978-620-3-84837-3

47. ***Рублев В.В.*** Фольклористика народов Таджикистана. – Saarbrücken: YAM Publishing. - 2021. - 89 с. - ISBN 978-620-3-84836-6

48. *Рублев В.В.* Фольклористика северных народов России. – Saarbrücken: YAM Publishing. - 2021. - 97 с. - ISBN 978-620-3-84870-0

49. *Рублев В.В.* Фольклористика татарского народа. – Saarbrücken: YAM Publishing. - 2021. - 97 с. - ISBN 978-620-3-84855-7

50. *Рублев В.В.* Фольклористика Туркестана. – Saarbrücken: YAM Publishing. - 2021. - 93 с. - ISBN 978-620-3-84835-9

51. *Рублев В.В.* Фольклористика туркменского народа. – Saarbrücken: YAM Publishing. - 2021. - 73 с. - ISBN 978-620-3-84873-1

52. *Рублев В.В.* Фольклористика Узбекистана. – Saarbrücken: YAM Publishing. - 2021. - 97 с. - ISBN 978-620-3-84838-0

53. *Рублев В.В.* Фольклористика украинского народа. – Saarbrücken: YAM Publishing. - 2021. - 89 с. - ISBN 978-620-3-84866-3

54. Рублев В.В. Фольклористика чеченского народа. – Saarbrücken: YAM Publishing. - 2021. - 85 с. - ISBN 978-620-3-84869-4

55. *Рублев В.В.* Фольклористика якутского народа. – Saarbrücken: YAM Publishing. - 2021. - 109 с. - ISBN 978-620-3-84840-3

Исторические и историко-хронологические словари:

1. *Рублев В.В.* Исторический словарь библиотечного и печатного дела. – г. Кишинев, Республика Молдова: Palmarium Academic Publishing. - 2021. - 97 с. - ISBN 978-620-2-39551-9

2. *Рублев В.В.* Исторический словарь военного дела. – г. Кишинев, Республика Молдова: Palmarium Academic Publishing. - 2021. - 97 с. - ISBN 978-620-2-39550-2

3. *Рублев В.В.* Историко-хронологический словарь периодических изданий 1702-1799 гг. – г. Кишинев, Республика Молдова: Palmarium Academic Publishing. - 2021. - 85 с. - ISBN 978-620-2-39552-6

4. *Рублев В.В.* Историко-хронологический словарь периодических изданий 1800-1899 гг. – г. Кишинев, Республика Молдова: Palmarium Academic Publishing. - 2021. - 165 с. - ISBN 978-620-2-39555-7

5. ***Рублев В.В.*** Историко-хронологический словарь периодических изданий 1900-1917 гг. – г. Кишинев, Республика Молдова: Palmarium Academic Publishing. - 2021. - 97 с. - ISBN 978-620-2-38297-7

Историко-поэтические сборники:

1. ***Рублев В.В.*** Война в российской поэзии начала XX столетия. – Saarbrücken: YAM Publishing. - 2021. - 97 с. - ISBN 978-620-3-84893-9

2. ***Рублев В.В.*** Любовь, воспетая российскими поэтами XIX столетия. – Saarbrücken: YAM Publishing. - 2021. - 97 с. - ISBN 978-620-3-84892-2

3. ***Рублев В.В.*** Свобода, воспетая российскими поэтами XIX столетия. – Saarbrücken: YAM Publishing. - 2021. - 117 с. - ISBN 978-620-3-84891-5

Издания на иностранных языках:

На английском языке:

Vladimir Rublev - NUR-SULTAN: economy and people. Towards the 30th Anniversary of Independence. – OUR KNOWLEDGE Publishing (Great Britain), 2021. – 125 p. ISBN 978-620-4-28101-8

Oleg Larin, Vladimir Rublev - Air transport capacity Republic of Kazakhstan. Monograph. – OUR KNOWLEDGE Publishing (Great Britain), 2021. – 81 p. ISBN 978-620-4-25220-9

На немецком языке:

Vladimir Rublev - NUR-SULTAN: Wirtschaft und Menschen. Auf dem Weg zum 30. Jahrestag der Unabhängigkeit. – VERLAG - Unser Wissen (Deutschland), 2021. – 129 p. ISBN 978-620-4-28100-1

Oleg Larin, Vladimir Rublev - Luftverkehrskapazität Republik Kasachstan. Monographie. – VERLAG - Unser Wissen (Deutschland), 2021. – 89 p. ISBN 978-620-4-25219-3

На французском языке:

Vladimir Rublev - NUR-SULTAN : économie et population. Vers le 30e anniversaire de l'indépendance. – EDITIONS NOTRE SAVOIR (France), 2021. – 125 p. ISBN 978-620-4-28102-5

Oleg Larin, Vladimir Rublev - Capacité de transport aérien République du Kazakhstan. Monographie. – EDITIONS NOTRE SAVOIR (France), 2021. – 85 p. ISBN 978-620-4-25222-3

На испанском языке:

Vladimir Rublev - NUR-SULTAN: economía y personas. Hacia el 30º Aniversario de la Independencia. – EDICIONES NUESTRO CONOCIMIENTO (España), 2021. – 125 p. ISBN 978-620-4-28105-6

Oleg Larin, Vladimir Rublev - Capacidad de transporte aéreo República de Kazajistán. Monografia. – EDICIONES NUESTRO CONOCIMIENTO (España), 2021. – 85 p. ISBN 978-620-4-25221-6

На португальском языке:

Vladimir Rublev - NUR-SULTAN: economia e pessoas. Rumo ao 30º Aniversário da Independência. – Edições nosso conhecimento (Portugal), 2021. – 125 p. ISBN 978-620-4-28104-9

Oleg Larin, Vladimir Rublev - Capacidade de transporte aéreo República do Cazaquistão. Monografia. – Edições nosso conhecimento (Portugal), 2021. – 85 p. ISBN 978-620-4-25224-7

На итальянском языке:

Vladimir Rublev - NUR-SULTAN: economia e persone. Verso il 30° anniversario dell'indipendenza. – EDIZIONI SAPIENZA (Italia), 2021. – 125 p. ISBN 978-620-4-28103-2

Oleg Larin, Vladimir Rublev - Capacità di trasporto aereo Repubblica del Kazakistan. Monografia. – EDIZIONI SAPIENZA (Italia), 2021. – 85 p. ISBN 978-620-4-25223-0

Printed by Books on Demand GmbH, Norderstedt / Germany